プリント形式のリアル過去問で本番の臨場感！

広島県
県立 三次中学校

2025年◆春受験用 解答集

本書は，実物をなるべくそのままに，プリント形式で年度ごとに収録しています。
問題用紙を教科別に分けて使うことができるので，本番さながらの演習ができます。

■ 収録内容

・解答集（この冊子です）

　　書籍ＩＤ番号，この問題集の使い方，最新年度実物データ，リアル過去問の活用，
　　解答例と解説，ご使用にあたってのお願い・ご注意，お問い合わせ

・2024（令和６）年度 ～ 2019（平成31）年度　学力検査問題

JN131871

問題文の非掲載につきまして

　著作権上の都合により，本書に収録している過去入試問題の本文の一部を掲載しておりません。ご不便をおかけし，誠に申し訳ございません。

○は収録あり	年度	'24	'23	'22	'21	'20	'19
■ 問題（適性検査）		○	○	○	○	○	○
■ 解答用紙		○	○	○	○	○	○
■ 配点							

全分野に解説
があります

注）問題文等非掲載:2024年度適性検査2の3

K|教英出版

■ 書籍ID番号

入試に役立つダウンロード付録や学校情報などを随時更新して掲載しています。

教英出版ウェブサイトの「ご購入者様のページ」画面で，書籍ID番号を入力してご利用ください。

書籍ID番号 **104232**

（有効期限：2025年9月30日まで）

【入試に役立つダウンロード付録】

「要点のまとめ(国語／算数)」

「課題作文演習」ほか

■ この問題集の使い方

年度ごとにプリント形式で収録しています。針を外して教科ごとに分けて使用します。①片側，②中央のどちらかでとじてありますので，下図を参考に，問題用紙と解答用紙に分けて準備をしましょう（解答用紙がない場合もあります）。

針を外すときは，けがをしないように十分注意してください。また，針を外すと紛失しやすくなりますので気をつけましょう。

① 片側でとじてあるもの

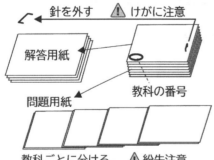

針を外す ⚠けがに注意

解答用紙

教科の番号

問題用紙

教科ごとに分ける。 ⚠紛失注意

② 中央でとじてあるもの

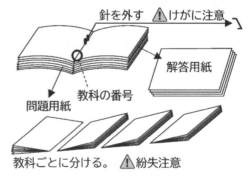

針を外す ⚠けがに注意

解答用紙

教科の番号

問題用紙

教科ごとに分ける。 ⚠紛失注意

※教科数が上図と異なる場合があります。

解答用紙がない場合や，問題と一体になっている場合があります。

教科の番号は，教科ごとに分けるときの参考にしてください。

■ 最新年度 実物データ

実物をなるべくそのままに編集していますが，収録の都合上，実際の試験問題とは異なる場合があります。実物のサイズ，様式は右表で確認してください。

問題用紙	Ａ４冊子(二つ折り)
解答用紙	Ａ３片面プリント

リアル過去問の活用

~リアル過去問なら入試本番で力を発揮することができる~

🌸 本番を体験しよう！

問題用紙の形式（縦向き／横向き），問題の配置や余白など，実物に近い紙面構成なので本番の臨場感が味わえます。まずはパラパラとめくって眺めてみてください。「これが志望校の入試問題なんだ！」と思えば入試に向けて気持ちが高まることでしょう。

🌸 入試を知ろう！

同じ教科の過去数年分の問題紙面を並べて，見比べてみましょう。

① 問題の量

毎年同じ大問数か，年によって違うのか，また全体の問題量はどのくらいか知っておきましょう。どのくらいのスピードで解けば時間内に終わるのか，大問ひとつにかけられる時間を計算してみましょう。

② 出題分野

よく出題されている分野とそうでない分野を見つけましょう。同じような問題が過去にも出題されていることに気がつくはずです。

③ 出題順序

得意な分野が毎年同じ大問番号で出題されていると分かれば，本番で取りこぼさないように先回りして解答することができるでしょう。

④ 解答方法

記述式か選択式か（マークシートか），見ておきましょう。記述式なら，単位まで書く必要があるかどうか，文字数はどのくらいかなど，細かいところまでチェックしておきましょう。計算過程を書く必要があるかどうかも重要です。

⑤ 問題の難易度

必ず正解したい基本問題，条件や指示の読み間違いといったケアレスミスに気をつけたい問題，後回しにしたほうがいい問題などをチェックしておきましょう。

🌸 問題を解こう！

志望校の入試傾向をつかんだら，問題を何度も解いていきましょう。ほかにも問題文の独特な言いまわしや，その学校独自の答え方を発見できることもあるでしょう。オリンピックや環境問題など，話題になった出来事を毎年出題する学校だと分かれば，日頃のニュースの見かたも変わってきます。

こうして志望校の入試傾向を知り対策を立てることこそが，過去問を解く最大の理由なのです。

🌸 実力を知ろう！

過去問を解くにあたって，得点はそれほど重要ではありません。大切なのは，志望校の過去問演習を通して，苦手な教科，苦手な分野を知ることです。苦手な教科，分野が分かったら，教科書や参考書に戻って重点的に学習する時間をつくりましょう。今の自分の実力を知れば，入試本番までの勉強の道すじが見えてきます。

🌸 試験に慣れよう！

入試では時間配分も重要です。本番で時間が足りなくなってあわてないように，リアル過去問で実戦演習をして，時間配分や出題パターンに慣れておきましょう。教科ごとに気持ちを切り替える練習もしておきましょう。

🌸 心を整えよう！

入試は誰でも緊張するものです。入試前日になったら，演習をやり尽くしたリアル過去問の表紙を眺めてみましょう。問題の内容を見る必要はもうありません。どんな形式だったかな？受験番号や氏名はどこに書くのかな？…ほんの少し見ておくだけでも，志望校の入試に向けて心の準備が整うことでしょう。

そして入試本番では，見慣れた問題紙面が緊張した心を落ち着かせてくれるはずです。

※まれに入試形式を変更する学校もありますが，条件はほかの受験生も同じです。心を整えてあせらずに問題に取りかかりましょう。

《解答例》

1　[夏野菜の記号／合計金額]　［①，③，④／897］［①，④，⑥／835］［②，③，④／863］［②，④，⑥／801］

［③，④，⑤／874］［④，⑤，⑥／812］のうち1つ

合計金額の求め方…必ず使う材料にかかる費用は，$159 + 26 \times \frac{1}{2} + 38 + 214 \times \frac{1}{2} = 317$（円）

したがって，$800 - 317 = 483$，$900 - 317 = 583$より，483円以上583円未満で3種類の夏野菜を買う。材料費は，

①が87円，②が$106 \times \frac{1}{2} = 53$（円），③が$105 \times \frac{8}{5} = 168$（円），④が$65 \times 5 = 325$（円），⑤が$96 \times \frac{2}{3} = 64$（円），⑥が

106円である。その際，2番目に高い③，3番目に高い⑥，4番目に高い①を選んでも，$168 + 106 + 87 = 361$（円）

で，483円未満となることから，④は必ず選ぶように探す。①，③，④だと，$87 + 168 + 325 = 580$（円）で，これに

317円を足すと，合計金額が，$580 + 317 = 897$（円）になる。

2　1.
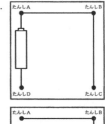 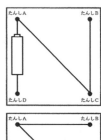 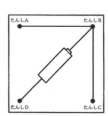

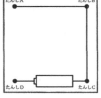 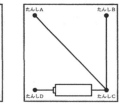 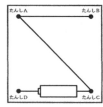　などから2つ

2.
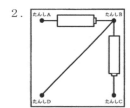 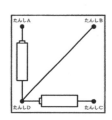 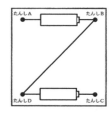 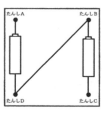　などから1つ

3　図…右図　面積の求め方…部屋全体の面積から，家具が配置さ

れている部分の面積と，かべとかべ，かべと家具，家具と家具

のすみになるために，そうじできない部分の面積をひいて求め

る。部屋全体の面積は，$270 \times 360 = 97200$（cm²），家具の部分の

面積は，$200 \times 100 + 50 \times 100 + 50 \times 90 + 30 \times 100 = 32500$（cm²），

かべとかべ，かべと家具，家具と家具のすみになるために，そ

うじできない部分は6か所あり，1か所は

$20 \times 20 - 20 \times 20 \times 3.14 \times \frac{1}{4} = 86$（cm²）だから，全部で$86 \times 6 = 516$（cm²）ある。

よって，求める面積は，$97200 - 32500 - 516 = 64184$（cm²）

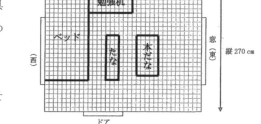

《解 説》━━━━━━━━━━━━━━━━━━━━━━━━━━━━━━━━━━━━━━━

1 問題文の最後に、「余った材料の費用はふくめないこととします」とあるので、例えば、玉ねぎの材料費は、1個で 26 円ではなく、$\frac{1}{2}$ 個分として $26 \times \frac{1}{2} = 13$（円）と計算することに注意する。

2 1 かん電池がつながっている可能性があるのは、豆電球の様子が○になっているAD間、BD間、CD間のいずれかである。例えば、はじめにかん電池の位置をAD間に決めると、AD間に豆電球をつなげたときにはつくので、残りのBD間とCD間に豆電球をつなげたときにつくような導線のつなぎ方を考えればよい。つなぎ方は全部で解答例の7パターンがある（電池の向きは逆になっていてもよい）。

2 豆電球の様子から、BD間にはかん電池がつながっていないことがわかる。また、AC間に豆電球をつなげたときの明るさがかん電池1つのときよりも明るくなったことから、2つのかん電池が直列つなぎになっていると考えられる。たんし間につなげられているかん電池は1つだから、豆電球をAC間につないで2つのかん電池が直列つなぎになるのは、例えば、AB間とBC間に1つずつのときが考えられる。このとき、BD間を導線でつなぐと、条件に合う。つなぎ方は全部で解答例の4パターンがある（電池の向きは逆になっていてもよい）。

3 図1の「ロボットそうじ機の拡大図」で黒くぬりつぶした部分を、以下では「黒い部分」とよぶ。黒い部分をなるべく少なくすることを考える。家具が何もないとき、黒い部分は部屋の四隅に4つある。家具をかべにくっつけるとき、部屋の四隅をかくすようにくっつけても、かくさないようにくっつけても、黒い部分は新たに2つできる。したがって、くっつけるならば、なるべく四隅をかくすようにくっつけたい。また、かべにくっつける家具どうしをくっつけることで、黒い部分を1つ減らすことができる。

かべにくっつけない家具は、家具の周り全部に 40 cm の空きがあれば、黒い部分はできない。

右図の太線部分の中には家具を配置できないが、エリア①であれば、一番大きいベッドでも、周り全部に 40 cm の空きをつくって配置することができる。しかし、エリア②、③、④のいずれにも、たな、もしくは本だなを、周り全部に 40 cm の空きを作って配置することができない。したがって、勉強机以外の3つの家具を、周り全部に 40 cm の空きを作って配置することは不可能なので、ベッドはかべにくっつけるしかない。

よって、ベッドと勉強机の2つを、部屋の四隅が1つかくれる

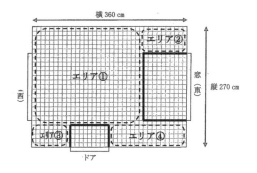

ようにかべにくっつけ、たがいに接するようにする。たなと本だなは、周り全部に 40 cm の空きを作って配置することが可能である。配置のしかたは、解答例以外にも色々と考えられる。

《解答例》

1　1．日本の周囲の海には暖流と寒流がぶつかる潮目があり，魚が多く集まるため，好漁場となっています。しかし，日本の漁かく量は近年減少を続けていて，水産業で働く人々の高齢化も進んでいます。水産業で働く人々が減少することで，今後も漁かく量が減少していくことが予想されます。日本の水産業を盛り上げていくためには，若い人が水産業に従事しやすくなるようにし，担い手を増やしていく仕組みづくりが必要です。

2．対象者…保護者　内容…1週間に家庭で魚介類を使用した料理の数　理由…資料4から，魚介類の購入数量が減少していることがわかります。また，資料5から，魚介類は肉類に比べて脂質が低く，カルシウムが多いことがわかります。身近な食卓でも魚介類が使われなくなっているのであれば，魚介類が健康な体づくりに効果的であることを宣伝するなど，購入数量を増やす取り組みにつなげたいからです。

2　地域の地図とハザードマップを使い，保護者や地域の方々にガイドをお願いして，災害が起きたときに危険な場所や地域の避難場所，家族の集合場所を調査します。資料1から，私たちの学校では家庭での防災対策として地域の避難場所と家族の集合場所を知っている児童は3割程度で，これは少ないと感じたからです。地域では，資料3から，豪雨の際に雨の降り方や河川の状況など周囲の状況によって避難を考える人が多いこと，資料2から，災害の種類に応じた避難場所・避難経路を確認している人が多く，防災意識を共有してもらうことが必要だと感じました。児童だけでなく，家庭や地域が一体となって防災意識を高めていくことにつながると思います。

3　本文非公表のため、解答例は掲載しておりません。

《解　説》

1　1　資料1から，さまざまな魚が全国各地で水あげされていることが読み取れる。資料2から，1985年をピークとして，日本の漁かく量は年々減少していることが読み取れる。資料3から，水産業で働く人々の高齢化が進んでいることが読み取れる。

2　雄太さんのレポートの3に「私たちの食生活にも関わりがある」とあることから，私たちの食生活の変化がわかるアンケートを考える。アンケートの結果では，魚介類をあまり使わない家庭が多いと考えられる。その場合，アンケートになぜ魚介類を使わないのかの理由を書いてもらい，その対策を考えることもよい。

2　資料3で，「雨の降り方や河川の状況など周囲の状況」を見て避難を考えた人が最も多いことがわかる。これは，大人が過去の経験から判断するものである。しかし，資料1を見ると，児童たちは防災対策として知っていることが少ないことから，どのような状況で避難を考えたらよいかわからない児童が多いと考えられる。そこで，地域に以前から住む人に，どのような状況になったら危険なのか，その基準はどのようなものなのかを教えてもらい，情報を共有することで，防災の意識を高めることができると考える。

3　著作権上の都合により文章を掲載しておりませんので、解説も掲載しておりません。ご不便をおかけし、誠に申し訳ございません。

広島県立三次中学校

2023 令和5年度 適性検査1

《解答例》

1 オンライン交流会の開始時刻…午後3，30　その開始時刻に決めた考え方…フィンランドの時刻が最も遅れているので，開始時刻をフィンランドの時刻で午前8時30分とすると，日本の時刻は7時間後の午後3時30分となる。

2 ばねとおもりの重さ…右表　そのように決めた考え方…表1より，おもりの重さが5gのときAは3cmのびることがわかるので，Cが3cm以上3.5cm以下ののびるおもりの重さを求める。おもりの重さとばねののびは比例の関係にあるので，Cが3cmのびるときのおもりの重さは$5 \times \frac{3}{2} = 7.5$（g）である。よって，Aに5g，Cに7.5gのおもりをつるせば，ばねののびの合計は$3 + 3 = 6$（cm）になる。

選んだばね	おもりの重さ
A	5 g
C	7.5 g

2の表

3 1．右表　代金の合計…2490　代金の合計を求めた考え方…ジュースの代金は$210 \times \frac{6}{3} = 420$（円），お茶の代金は$110 \times \frac{12}{2} = 660$（円），スナック菓子の代金は$215 \times 2 = 430$（円），チョコレートの代金は$320 \times 4 = 1280$（円）で，3つの食品が100円引きされるから，代金の合計は，$420 + 660 + 430 + 1280 - 100 \times 3 = 2490$（円）

2．右図

スーパーマーケット名	B 店
ジュース	6 本
お茶	12 本
袋入りスナック菓子	2 袋
袋入りチョコレート	4 袋

3 1の表

《解説》

1 台湾（たいわん）の時刻とフィンランドの時刻はそれぞれ，日本の時刻より1時間，7時間遅（おく）れている。

よって，開始時刻をフィンランドの時刻で午前8時30分として，日本の時刻を考えるとよい。交流する時間は50分間なので，遅くとも午後4時30分−50分＝午後3時40分に開始しなくてはならない。よって，解答例以外でも，開始時刻は日本の時刻で午後3時30分から午後3時40分までが考えられる。

2 AとBのうちから1つ，CとDのうちから1つを選ぶ。図2のように，おもりはフックにねんどをつけたものだから，フックの0.5gのことは考えなくてもよい。表1〜4より，おもりの重さとばねののびは比例の関係にあることがわかるので，Aは1gで0.6cm，Bは1gで1.2cm，Cは1gで0.4cm，Dは1gで1.0cmのびることがわかる。例えば，AとCを選んだ場合は(0.6×Aにつるした重さ)＋(0.4×Cにつるした重さ)が6cm以上6.5cm以下になっているか，また，BとDを選んだ場合は(1.2×Bにつるした重さ)＋(1×Dにつるした重さ)が6cm以上6.5cm以下になっているか確かめてみよう。解答例以外にも[選んだばね／おもりの重さ]の組み合わせは[B／5]，[D／0.5]や[A／5]，[D／3]など無数にある。

3 1　お菓子は18人に同じ種類を同じ数ずつ，余ることなく配るから，9個入ったスナック菓子を買った袋の数は，18÷9＝2の倍数になることに気をつける。

代金の合計が2500−100＝2400（円）より多く2500円以下になれば，解答例以外の買い方でもよい。

2　4つの形はともに正方形を8個合わせてできる形である。

解答例以外でも，右図のように，分け方はいくつかある。

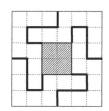

《解答例》

1 A．明治時代初めの殖産興業によって，日本に蒸気機関車が導入され，一度に多くの人を輸送することができるようになりました。その後全国に鉄道が整備され，長距離の移動ができるようになりました。電車が登場すると移動時間が短縮され，1960年代の高度経済成長期に新幹線が登場すると，さらに移動時間が短縮され，人々にとって重要な交通手段となっています。　　B．資料3から，鉄道利用者の減少が読みとれるので，赤字路線が増えていると思われます。赤字路線は，少子高齢化の進んだ地域に多く，運転免許を返納した高齢者も増えており，鉄道を廃止すると，移動手段をなくす人も少なくないでしょう。そこで，ただ路線を廃止するのではなく，その路線に代わるバスを運行させたり，新たにＬＲＴやＤＭＶを導入したりする必要があると思います。

2 1．自分の思っていることや感じていることをきちんと言葉で表すことができるかに対して、どちらかといえば、当てはまらない、当てはまらないと答えた人が三〇％をこえていて、その表れとして、断る、注意するなど、相手に対して言いにくいことについて冷静に話しかけることができる人が少ないという現状につながっている。

2．（例文）

まず、弘さんに、貸した本の表紙が折れて返ってきたという事実と、大切な本なので残念な気持ちになったことを正直に話す。その上で、これからは、借りた本にはカバーを付ける、本だなに入れて保管するなど、気を付けて取りあつかってほしいという提案をする。それを受け入れてもらえるなら、今まで通り本を貸すことができるが、受け入れてもらえない場合は、残念だが本を貸すことはできないということを伝える。

3 1．山へ木を伐りに行ったり、材料の実験をしたり、施工にも参加するなど、自分の手を動かしてつくること。

2．（例文）

人工物が自然を破かいしたり、人間と自然を分断したりするような物になってはいけないと思う。たとえば、コンクリートの建物は、たい久性は高いが冷たい感じがして、長時間中にいるとつかれる。しかし、窓や庭を作り、木の素材を生かしたかべや柱を取り入れると、ぬくもりや安らぎが感じられる。自然と人工物がたがいをはい除し合うのではなく、とけ合うような関係を築けばよいと考える。

《解説》

1 A．1872年，新橋－横浜間に鉄道が開通し，その後，大阪－神戸，大阪－京都間に鉄道路線が広がった。これによって，一度に多くの人々を運ぶことができるようになり，旅客輸送が始まった。当時の機関車は，イギリス製の蒸気機関車であったが，その後，産業が発展するとともに日本でレールや機関車がつくられるようになった。蒸気機関車は大量の煙を発生させることや，エネルギー効率が悪かったことから，煙を発生させない電気鉄道(電車)がつくられるようになった。戦後の高度経済成長期には，東京オリンピックに合わせて東京－大阪間に東海道新幹線が開通した。開通当時は東京－大阪間を4時間で運行したが，その後3時間10分まで短縮された。現在，東京－名古屋間にリニア中央新幹線を建設中であり，これが東京－大阪間で開通すれば，運行時間は約1時間になると言われている。問題文に「社会が大きく変化したことが影響」とあるので，明治初期の殖産興業政策，高度経済成長期を取り上げた。

B．資料3を見ると，鉄道路線の総距離にほとんど変化はないのに，鉄道1kmあたりの輸送密度は，1999人以下が増え，2000人以上が減っているので，鉄道利用者の人数が減ったと考えられる。赤字路線を廃止すると，その地域

に住む人々の移動手段が一つ減ることになる。それを補うために，路線バスを運行させたり，ＬＲＴ（次世代型路面電車システム）やＤＭＶ（線路と道路の両方を走行可能な車両）を導入したりして，その地域の人の移動手段を奪わないようにすることが，鉄道路線を廃止する側に必要なことと考える。

2　1　資料１にある「自分の思っていることや感じていることをきちんと言葉で表すこと」ができないことが，「望ましい人間関係を作るための自己表現」ができないということにつながる。資料２は，いずれも相手に対して言いたいことがあるものの伝え方がむずかしいという場面だが，人間関係をこわさないように伝えるためには，まず「冷静に話しかける」ことが必要である。しかし，「いかりをぶつける」または「我慢する」と答えた人の割合が高い。つまり，「望ましい人間関係を作るための自己表現」が苦手な人が多いのだと考えられる。

　　　2　資料２の「自己表現の方法」を参考にして書く。

3　1　1行前の「設計をするだけでなく」に着目する。その後に筆者のやりたいことが述べられている。また，1行後の「頭で考えたことを，自分の手を動かしてつくってみる，その作業こそが，楽しい」も，それを言いかえた言葉である。

《解答例》

1　1．右図から1つ

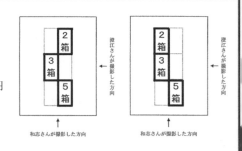

澄江さんが撮影した方向

澄江さんが撮影した方向

和志さんが撮影した方向

2．（組み合わせ1）ぶどう…2　梨…2　りんご…2

（考え方1）ぶどう，梨，りんごを1箱ずつ買うと，料金の合計は，

（1800＋1300＋1400）×（1＋0.08）＝4860（円）となる。これは10000円

の半分の5000円よりも5000－4860＝140（円）小さいから，ぶどう，

梨，りんごを2箱ずつ買えば，おつりが140×2＝280（円）になり，

500円以下となる。

（組み合わせ2）ぶどう…2　梨…1　りんご…3

（考え方2）梨とりんごの1箱の料金の差は，（1400－1300）×（1＋0.08）＝108（円）だから，組み合わせ1から，

梨1箱をりんご1箱に置きかえると，おつりは108円小さくなる。よって，ぶどう2箱，梨1箱，りんご3箱を

買えば，おつりが280－108＝172（円）になり，500円以下となる。

2　適切ではないと考えられる実験の操作の番号…操作⑦　適切ではないと考えた理由…だ液の温度が70℃になってい

ないから。　改善した実験の操作…2本の試験管にだ液と水を入れたあと，それぞれをコンロで温めて70℃にする。

3　35分間の活動で折ることができた折り鶴の数の合計は，36＋33＋34＋41＋50＋45＋42＝281（羽），6年生が見本と

して置いてくれた折り鶴の数の合計は，1×7＝7（羽）だから，合わせて281＋7＝288（羽）ある。明日と明後日の

活動も同じ人数で折るので，折ることができる折り鶴の数は，時間に比例すると考える。明日と明後日に35分ず

つ折り鶴を折ると，さらに281×2＝562（羽）増えて288＋562＝850（羽）となり，1000羽より少なくなる。45分ず

つ折り鶴を折ると，明日と明後日で45×2＝90（分）折り鶴を折るから，288羽からさらに，281×$\frac{90}{35}$＝722.5…より，

722羽増えて，288＋722＝1010（羽）となり，1000羽以上となる。

《解　説》

1　1　それぞれの列で見える，積まれているぶどうの箱の最大の数をまとめると，右図

のようになる。この条件に合うもののうち，箱の数の合計が10個になる並びを考える

と，解答例のようになる。

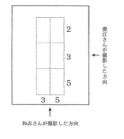

澄江さんが撮影した方向

和志さんが撮影した方向

2　解答例以外にも，以下の組み合わせがある。

解答例の組み合わせ2と同様に考えると，解答例の組み合わせ1から，りんご1箱を

梨1箱に置きかえると，おつりは108円大きくなる。よって，ぶどう2箱，梨3箱，

りんご1箱を買えば，おつりが280＋108＝388（円）になり，500円以下となる。

2　実験2で予想していた結果が得られなかったのは，だ液が70℃に温まる前に，だ液がでんぷんを別の物質に変化さ

せたからと考えられる。そのため，だ液を入れた試験管にでんぷん溶液を入れる前に，だ液を70℃に温める必要が

ある。したがって，操作⑦と⑧の間に，試験管に入れただ液と水を70℃に温める操作を入れればよい。なお，解答

例の他に，⑧に×をつけ，改善した実験の操作を「操作⑦の試験管をそれぞれコンロで温めて70℃にし，その後，

でんぷん溶液を5mL入れた。」としてもよい。

3　全員が同じ時間折り鶴を折るのだから，解答例のように，班員の人数は気にせず，折ることができた折り鶴の数の合計を考えればよい。勇太さんの最初の発言で，「今日折ることができた折り鶴の数と見本の折り鶴の数を合わせても」とあるので，見本の折り鶴も加えて考えるとわかる。

《解答例》

1 （例文）

　　日本の林業について調べてみると、資料１にあるように、林業で働く人の数が減っており、高れい化が進んでいることがわかります。また、資料２にあるように、木材使用量のうち、国内生産量が占める割合は、輸入量よりも少ないことがわかります。国内の森林資源が活用されないままでいるのはもったいないと思います。さらに、資料３と資料４にあるように、森林は地球温暖化や土砂災害を防いでいることがわかります。そこで、全国の学校給食の食器類に国産の木材でつくった木製品を取り入れて，国産の木材を活用していくべきだと思います。

2 （例文）男子と女子では，新体力テストの結果にも，アンケートの結果にも，差が見られる。女子の課題は，もっと運動に興味をもち，好きだと思えるようにすることだと思う。男子は，体力をつけることや質を向上させることより勝つことへのこだわりが強いので，体力向上の大切さに気づき，自主的に取り組めるようにするのが課題だと思う。第２・４火曜日の体育朝会では，球技などを楽しむ日と，体力をつける日をそれぞれ計画する。また，掲示物などを利用して，オリンピック・パラリンピック選手の記録や，６年生の新体力テストの結果など，具体的な数字を見ることができるようにする。このようにして運動やスポーツに対する関心を高めることを提案したい。

3 １．自分で考え、学びを工夫する人を育てるために、教える側も自分の学びを深めること。

　２．（例文）私は、小学校では、授業中に先生から教わり、自分で復習をするという形で学んできました。自主的というより受け身の学びでした。三次中に入学したら、教科書だけでなく、タブレットや図書館も活用して予習をしたり、興味を持ったことについてくわしく調べてみたりするなど、自主的に学ぶ姿勢で勉強に取り組みたいです。そして、自分の苦手な分野をこく服し、得意な分野はさらにのばすことができるようにがんばります。

《解　説》

1 日本の林業の現状と課題について，資料１より，林業従事者数が減り続けており，平成27年の高齢化率（65歳以上の割合）は昭和60年の２倍以上に上がっていることが分かる。資料２より，木材の輸入量が増えるにつれて，国内生産量が減っていったことが分かる。森林の持つ特長について，資料３より，国内生産では輸送距離が少ないので，トラックなどから排出される二酸化炭素の量を抑えられることが分かる。二酸化炭素などの温室効果ガスは地球温暖化の原因となるため，森林には地球温暖化を防止する働きがあると言える。資料４より，雨水をたくわえる保水力に優れている森林は，土砂災害などの自然災害を防いでくれることが分かる。

3 １　文章の最初に「探求人を育てるには自分が探求人になるしかない」とある。また，エディさんは，「日々の生き方，考え方から変えていけたらと思っています〜小さな意識の変化。それが，大きな違いを生むのです」と言っている。さらに後の方で「超一流（ちょういちりゅう）の達人に共通したことは自分の学びを自分で工夫（くふう）していることだ」と述べ，（児童や生徒が）このような自律的な学び手になることを学校教育の目標とするべきで，「それを支援（しえん）できるように指導者は自分の学びを深めていかなければならない」とまとめている。これらの下線部をまとめる。

《解答例》

1　(選んだ料理の番号)主食…①　汁物…④　おかず…⑥

(選んだ3つの料理を6人分つくるために必要なにんじんとたまねぎの分量を求めた考え方)6人分つくるために必要なにんじんとたまねぎの分量はそれぞれ，4人分つくるために必要なにんじんとたまねぎの分量の$6÷4＝\frac{3}{2}$(倍)だから，にんじんは$(\frac{3}{4}+\frac{2}{5}+\frac{3}{5})×\frac{3}{2}＝\frac{21}{8}＝2\frac{5}{8}$(本)，たまねぎは$(\frac{1}{5}+\frac{3}{5}+\frac{1}{2})×\frac{3}{2}＝\frac{39}{20}＝1\frac{19}{20}$(個)必要である。

2　(布Aと布Bの枚数)布Aの枚数…24　布Bの枚数…16　(長方形の縦と横の長さ)縦の長さ…70　横の長さ…240

(美幸さんと真一くんがまとめたメモの内容をふまえてつくる長方形の縦と横の長さを求めた考え方)20と30の最小公倍数は60なので，布Aを60÷20＝3(枚)，布Bを60÷30＝2(枚)並べると，縦が20+15＝35(cm)，横が60cmの長方形ができる。この長方形は布Aと布Bが合わせて5枚使われているので，この長方形を40÷5＝8(枚)並べればよい。掲示板に合うように並べると，長方形を縦に2枚，横に4枚並べることになるから，このときの縦の長さは35×2＝70(cm)，横の長さは60×4＝240(cm)である。

3　($\boxed{}$に入る文)番号の数の差が大きいほど，モーターの回る速さが速い　(そのきまりがあると考えた理由)モーターが最も速く回ったのが，番号の数の差が最も大きい実験1と6のアルミニウムと銅の組み合わせのときで，次に速く回ったのが，実験2と4のアルミニウムと鉛の組み合わせのときで，最もゆっくり回ったのが，番号の数の差が最も小さい実験3と5の鉛と銅の組み合わせのときだから。　(自分の考えたきまりが正しいことを確かめるための実験)金属板A…亜鉛　金属板B…銅　実験結果の予想…実験1のアルミニウムと銅の組み合わせよりも番号の数の差が大きいので，モーターはより速く回る。

4

施設 (見学する施設の番号)	学校	→	(①)	→	(③)	→	(④)	→	(⑤)	→	学校
移動 【利用するバスの記号】		学校から1か所目への移動 【 A 】		1か所目から2か所目への移動 【 C 】		2か所目から3か所目への移動 【 　 】		3か所目から4か所目への移動 【 　 】		4か所目から学校への移動 【 H 】	
昼食休憩 [時刻]				開始時刻 [12：36]		～		終了時刻 [13：21]			

《解　説》

1　4人分の分量を$6÷4＝\frac{3}{2}$(倍)することで，6人分の分量となる。

よって，4人分の分量の合計について，にんじんが$3÷\frac{3}{2}＝2$(本)以下，たまねぎが2個以下となるように，主食，汁物，おかずをそれぞれ1つずつ選べばよい。

解答例以外で条件に合う(主食，汁物，おかず)の組み合わせは，(②，③，⑥)(②，④，⑤)がある。

6人分つくるのに必要な分量をそれぞれ求めると，

(②，③，⑥)のとき，にんじんは$(\frac{1}{2}+\frac{2}{3}+\frac{3}{5})×\frac{3}{2}＝\frac{53}{20}＝2\frac{13}{20}$(本)，たまねぎは$(1+\frac{1}{3}+\frac{1}{2})×\frac{3}{2}＝2\frac{3}{4}$(個)

(②，④，⑤)のとき，にんじんは$(\frac{1}{2}+\frac{2}{5}+1)×\frac{3}{2}＝\frac{57}{20}＝2\frac{17}{20}$(本)，たまねぎは$(1+\frac{3}{5}+\frac{2}{5})×\frac{3}{2}＝3$(個)

2　解答例のように布Aを3枚，布Bを2枚並べると，図ⅰのような35cm×60cmの長方形になる。また，20と15の最小公倍数が60であることから，図ⅱのような60cm×50cmの長方形をつくることができるが，この長方形は布Aと布Bを合わせて7枚使っており，7は40の約数ではないので，図ⅱを利用して布Aと布Bを合わせて40枚を並べた長方形をつくることはできないとわかる。

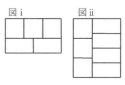
図ⅰ　図ⅱ

3 先生が机の上に並べた5種類の金属板の番号から，実験1と6では番号の数の差が5－2＝3，実験2と4では番号の数の差が4－2＝2，実験3と5では番号の数の差が5－4＝1だとわかる。したがって，番号の数の差が大きいほど，モーターの回る速さが速いことがわかる。

4 なるべく早く学校に戻ってこられるような計画を考える。寺を見学すると徒歩の時間が長くなりそうであり，長い距離(きょり)をバスで降りずに移動した方が早く戻れそうなので，例えば駅，公園，展望タワー，博物館を見学し，学校→駅，駅→公園，博物館→学校までをバスで移動する場合を考える。

学校を10時8分に出るバスに乗り，10時19分に駅に着く。10時19分＋30分＝10時49分に駅の見学が終わるので，駅を11時2分に出るバスに乗り，11時6分に公園に着く。公園の見学が終わるのは11時36分である。

公園から展望タワーまでは往復で，(1200×2)÷80＝30(分)かかるから，11時36分＋30分＋30分＝12時36分に公園に再び着く。ここで昼食休憩(きゅうけい)を行うと，12時36分＋45分＝13時21分となる。

公園から博物館までは400÷80＝5(分)かかるから，13時21分＋5分＋30分＝13時56分に博物館の見学が終わる。よって，博物館を14時17分に出るバスに乗り，14時34分に学校に着く。

したがって，昼食休憩は12時36分から13時21分である。

また，例えば公園で見学をする前に展望タワーで見学をして，再び公園に着いたときに昼食休憩をとる(その後に公園の見学)と，昼食休憩の時間は11時6分＋30分＋30分＝12時6分から12時6分＋45分＝12時51分となるし，見学する施設を変えれば昼食休憩の時間も変わるので，計画は他にもいくつかある。

《解答例》

1 （例文）

　救急車は、現場への到着時間が年々増えています。一一九番通報では、通信指令室への連絡後、消防署に救急車の出動指令が出されます。そのため、急病人やけが人が発見されてから、救急車が現場に到着するまでに時間がかかり、病院へのはん送が遅れてしまいます。また、救急車の出動件数も年々増えており、その半数以上が六五歳以上の高れい者です。

　今後超高れい社会が進むと、高れい者の数が増えるとともに救急車の出動件数も増えていくでしょう。救急車の現場への到着時間が遅れ、助かるはずの命が助からなくなってしまうことが増える恐れがあります。

2 （例文）

　学校以外でのインターネットの利用状きょうについて調べてみると、資料1と資料2にあるように、年れいが上がるにつれて利用率は高くなり、利用時間は長くなることがわかります。また、資料3にあるように、日本の中学生の場合、自由な時間にインターネットを見て楽しむ人の割合は、4か国の中で最も高く、学校の勉強のために使う人の割合は、最も低いことがわかります。長時間インターネットを利用しているのに、学校の勉強のために使わないのはもったいないと思います。インターネットを利用すれば、知りたいことをすぐに調べられる上に、最新の情報が手に入ります。こうした長所を、学校の勉強のためにもっと生かすべきだと思います。

3 1．人びとが合意したという事実以外に、権威の根拠を求めることができない社会。

　2．（例文）

中学校の部活動では、自分の意見をなかなか言えず、参加意識が低くなる部員がいると思う。そこで私は、とく名の意見書を提出できる目安箱のようなものを設置し、一週間に一回、部員全員が参加するミーティングを開きたい。ミーティングでは、提出された意見書の内容について全員で議論する。全員が発言することにすれば、だんだんと意見を言い合える人間関係ができていくと考えられる。

《解　説》

1 資料1について，119番通報では，発見者から消防署に直接連絡が入らないとわかる。まず通信指令室に連絡が入り，そこから消防署に連絡が入るため，救急車の出動が遅れてしまう。資料2について，平成10年から平成30年にかけて，救急車の出動件数はおよそ1.5倍，現場到着までの時間はおよそ3分増えているとわかる。資料3について，平成30年に救急はん送された人のうち，およそ6割が65歳以上であるとわかる。資料4について，平成10年から平成30年にかけて，65歳以上の人口割合はおよそ1.7倍増えているとわかる。超高れい社会は全人口に占める65歳以上の割合が21%をこえる社会で，日本は2010年に突入し，今後も高齢化は進むと予測されている。

2 資料2の「インターネットの利用時間」について，それぞれ最も割合が高い時間を見ていくと，高校生が5時間以上(31.5%)，中学生が2時間以上3時間未満(23.7%)，小学生が1時間以上2時間未満(27.7%)で，学年が上がるほど長時間利用する人が増えることが分かる。また，資料3の「学校以外の場所で自由な時間にインターネットを見て楽しむ」については，「毎日」と「ほぼ毎日」を合わせた割合は，日本が74.6%で，アメリカの71.8%よりもわずかに多く，4か国の中でもっとも多くなっている。一方で「学校の勉強のために，学校以外の場所でインター

ネット上のサイトを見る」割合は，「毎日」と「ほぼ毎日」を合わせて，わずか６パーセントで，４か国の中でもっとも低い。このことから，日本では勉強のためにインターネットが活用されていないということが言える。

3 　1　「伝統的な権威関係」が通用すれば，「慣習だから」とか「上司からの命令(だから従え)」などと言えば，人はついてくる。しかし，現在はそのような「伝統的な権威」は通用しない。なぜなら「権威の根拠」が「人びとが合意した〜という事実以外に求められ」（６〜７行目）ない社会だからである。　　2　「自分は社会の一員だ」と感じるためには，２段落目の内容より，〝人びとの議論によって検証された合理的な根拠〟〝自分の存在と発言，貢献が社会で認知されること〟〝自分も社会の合意形成に参加したのだという意識〟などが必要である。これらのことを実現できるような取り組みを考えよう。

《解答例》

1 (提案する本の番号) ①, ⑥, ⑧, ⑩, ⑫　(提案する本を全て購入するために必要な金額) 8140

(金額をそのように決めた考え方) 5冊の本体価格の合計は 1500＋1400＋1200＋2000＋1300＝7400(円)なので, 購入するために必要な金額は, $7400 \times (1 + \frac{10}{100}) = 8140$(円)となる。

2 ⑥の面積は, BC×GF÷2, ⑧の面積は, AD×EF÷2である。よって, ⑥と⑧を合わせた面積は, $BC \times GF \div 2 + AD \times EF \div 2 = BC \times GF \times \frac{1}{2} + BC \times EF \times \frac{1}{2} = BC \times (GF + EF) \times \frac{1}{2} = BC \times EG \times \frac{1}{2} = BC \times AB \times \frac{1}{2}$である。四角形ABCDの面積はAB×BCなので, ⑥と⑧を合わせた面積は, 四角形ABCDの面積の半分である。よって, ⑤と⑦を合わせた面積も四角形ABCDの半分といえるので, ⑤と⑦を合わせた面積と, ⑥と⑧を合わせた面積は等しい。

3 1Lの計量カップに水 400mL を入れ, そこに食塩 140g を加えて, はしでよくかき混ぜてすべてとかす。この食塩水のうち 400mL を, 200mL の計量カップを用いてなべに入れる。さらに, なべに 760mL の水を, 1Lと 200mL の計量カップを用いて加え, はしでよくかき混ぜる。ここに同時に7個の卵を入れると, 古い卵だけが浮く。

4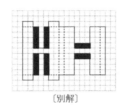

〔別解〕

《解　説》

1 本の本体価格はすべて 100 の倍数である。したがって, 消費税が小数になることはない。消費税を合わせて 10000 円以下にするので, $10000 \div (1 + \frac{10}{100}) = 9090.9\cdots$より, 本体価格の合計が 9090 円以下, つまり 9000 円以下になるような組み合わせを考える。本を5冊購入するためには, 1冊の価格の目安は $9000 \div 5 = 1800$(円)である。したがって, 「工業」からは安い方の⑩を購入する。「歴史」だけは 1800 円以下の本がないので, 購入はさける。

「工業」と「歴史」以外の分類には 1800 円以下の本がある(①, ⑥, ⑧, ⑫, ⑭)ので, それらから4冊選ぶとよい。なお, それらすべてを選んで合計6冊としても, 購入することができる。

解答例以外について, [提案する本の番号／提案する本を全て購入するために必要な金額]は,

[①, ⑥, ⑧, ⑩, ⑫, ⑭／9900 円], [①, ⑥, ⑧, ⑩, ⑭／8470 円], [①, ⑥, ⑩, ⑫, ⑭／8580 円],

[①, ⑧, ⑩, ⑫, ⑭／8360 円], [⑥, ⑧, ⑩, ⑫, ⑭／8250 円]となる。

2 解答例以外にも, 以下のように説明できる。

右のように作図する。長方形について, 対角線で分けられた2つの三角形の面積は等しいから, 三角形AFHと三角形AFE, 三角形BFHと三角形BFG, 三角形CFIと三角形CFG, 三角形DFIと三角形DFEの面積はそれぞれ等しい。

また, ⑤と⑦を合わせた面積は, 三角形AFHと三角形BFHと三角形CFIと三角形DFIの面積の和に等しく, ⑥と⑧を合わせた面積は, 三角形AFEと三角形BFGと三角形CFGと三角形DFEの面積の和に等しいので, ⑤と⑦を合わせた面積は, ⑥と⑧を合わせた面積に等しい。

3 誠二くんが行った自由研究のレポートの一部より, 食塩水と水の体積の比が 1：1.9 になるときだけ, 新しい卵が

沈み，古い卵が浮くことで，見分けることができるとわかる。したがって，これと同じ濃さの食塩水を 1 L 以上つくり，そこに卵を入れる計画を立てればよい。誠二くんはまず 100mL の水に 35 g の食塩をとかしたが，台所にははかりがないので，食塩を 35 g はかりとることができない。ここでは食塩が 35 g の 4 倍の 140 g あるから，100mL の 4 倍の 400mL の水にとかばよい(このとき食塩水の体積は 400mL より大きくなる)。次に，ここから 400mL の食塩水を取り出し，この食塩水と水の体積の比が 1：1.9 になるように，400×1.9＝760(mL)の水を加えれば，新しい卵が沈み，古い卵が浮く濃さの食塩水ができる。この食塩水の体積は 400＋760＝1160(mL)で， 1 L 以上になっているので条件に合う。

4 　右図の色つきの面が足りない。よって， 7 m×21m(展開図では 1 マス×3 マス)の面を 2 つ， 7 m×28m(展開図では 1 マス×4 マス)の面を 4 つかき加えればよい。 6 つの面が重ならないように書き加えると，解答例のようになる。

《解答例》

1 (例文)

　奈良時代には，庸・調を徒歩で奈良まで運ぶための道路が整備されていました。江戸時代になると，政治の中心である江戸と，物流の中心である大阪をつなぐ街道が幕府によって整備されました。江戸時代には港町も整備され，東北地方と江戸・大阪を結ぶ東廻り航路や西廻り航路ができ，船を使って米をはじめとする農産物や生活必需品が運ばれるようになりました。

　明治時代になって鉄道ができると，鉄道網が発達するとともに鉄道による輸送量が増えていきました。現代では，道路網が全国に広がったことで，自動車による輸送が中心となり，輸送量も年々増えていましたが，景気の影きょうを受けて平成2年をピークに輸送量は少しずつ減っています。

2 (例文)私は、言葉遊び形式のゲームをすることを提案します。なぜなら、「学校内で日本人学生との交流ができないこと」に苦労する人が多いことに対する、留学生の不安をやわらげることができると思うからです。また、六年生の七〇％以上が「外国の人と積極的にコミュニケーションを図りたい」と考えているからです。たとえば、イラスト伝言ゲームや、簡単な英単語を使う絵しりとりならば、ルールが分かり易く、少ない単語で遊ぶことができるので、言葉のかべをこえた交流ができると思います。また、答え合わせの時などに、日本語や日本文化を楽しく学ぶこともできます。このようなゲームならば、おたがいに楽しみながら交流を深められると思います。

3 1．山を越えたところにある、果物が豊かに実っている村に行くために、山を越える道をさがすという例。

　2．(例文)私は中学校生活で、英語をもっと学びたいと考えています。なぜなら、英語を自在に使えるようになれば、海外との交流が広がり、自分の世界も広がると思うからです。小学校では、英語の音声や会話に慣れることが中心でした。中学校では、日常会話ができるだけではなく、複雑な内容を読んだり書いたりすることができる力を身につけたいと思います。

《解　説》

1 資料1について，絹・麻や地方の特産品などを納める税である「調」や，都での10日間の労役に代えて布を納める税である「庸」などが地方から都に運ばれた。「調」や「庸」は中央政府の財源であったため，その荷物を運ぶための道路が整備された。なお，奈良時代には収穫量の約3％を納める税である「租」も課せられていたが，地方行政の財源であったため，平城京まで運ばれた税には含まれない。資料2について，江戸時代，政治の中心である江戸は「将軍のおひざもと」，物流の中心である大阪は「天下の台所」と呼ばれており，参勤交代時に使われた五街道（東海道・甲州道中・中山道・日光道中・奥州道中）が幕府によって整備されて発展した。海上交通では，酒田(山形県)から日本海沿岸をまわって大阪まで運ぶ西廻り航路，酒田から太平洋沿岸をまわって江戸まで運ぶ東廻り航路が発達した。資料3について，鉄道の距離数が長くなるにつれて，貨物の輸送量も増えていることに着目しよう。明治時代，新橋－横浜間を結ぶ日本最初の鉄道が開通し，その後，神戸－大阪間，大阪－京都間でも開通していった。資料4について，平成2年以降の道路の距離数が長くなる一方で，貨物の輸送量は減り続けていることに着目しよう。1964年の東京オリンピックにあわせて首都高速道路が開通し，東名，名神などの高速道路も開通していった。平成2年にバブル景気(1980年代後半～1990年代初頭にかけて見られた，本来の価値以上に価格が値上がりする，実体のない不健全な好景気)がピークとなり，その後のバブル崩壊で不景気に陥って貨物の輸送量が減っていった。また，バブル崩壊後

には，特に製造業の分野で人件費を抑えるために海外に工場を移す動きが見られ，国内で稼働している工場が減り，産業の空洞化が進んでいった。

2 　知子さんの学級に来る外国人留学生に関する情報に，留学生が「全員英語を話したり，聞き取ったりすることができる」とある。また，資料1の6年生対象のアンケートから，外国の人と積極的にコミュニケーションを図りたいと思っている人，英語を使って外国の人と友達になることや，話すことをやってみたいと考えている人が，それぞれ7割以上いることがわかる。資料2からは，外国人留学生が日本の社会や文化，日本語に興味を持ちながらも，日本人学生との交流ができずに苦労していることが読み取れる。これらのことから，英語を使って，留学生と6年生の交流をする企画を提案することが考えられる。

3 　1　第3段落の「たとえば，この山を越えたところには，別の村があって〜」から，第5段落の「そして，ある道を歩いていったら，確実に向こうの村に行けることがわかるようになります」までの内容をまとめる。

《解答例》

1

(清掃活動の分担表)

コース	担当する地域の班名
A	四班，七班
B	一班，三班
C	二班，五班，六班，八班

そのように決めた考え方…Aコース，Bコース，Cコースのきょりの比は，
$0.6:0.9:1.2 = 2:3:4$，清掃活動に参加する人数の合計は，
$14+8+10+9+4+5+7+15=72$(人)だから，それぞれのコースを担当する
人数は，Aコースが $72 \times \dfrac{2}{2+3+4} = 16$(人)，Bコースが $72 \times \dfrac{3}{2+3+4} = 24$(人)，
Cコースが $72-16-24=32$(人)である。人数の和が16人となる組み合わせとし
て，四班と七班，残りの班で24人となる組み合わせとして，一班と三班があるか
ら，表のようになる。

2 説明する内容…口からストローを使って息をふきこむときに誤って液体を吸いこんでしまう可能性がある。石灰水
やうすい塩酸が入っている試験管があり，それらの液体を吸いこむと非常に危険だから。

実験の計画…[方法／実験結果の予想] 実験①[ガラス棒に液体をつけ，それを青色リトマス紙につける。／1つ
だけ赤色に変化する。それがうすい塩酸だとわかる。] 実験②[ガラス棒に液体をつけ，それを赤色リトマス紙に
つける。／1つだけ青色に変化する。それが石灰水だとわかる。] 実験③[液体をピペットで蒸発皿にとり，実験
用ガスコンロで加熱して水を蒸発させる。／1つだけ白色の固体が残る。それが食塩水だとわかり，固体が残らな
かった方が水だとわかる。]

3 体験活動の内容の番号…②，⑦，⑨ 入場料金をふくめた1人分の費用の合計…2490
「学びの丘」から出る時刻…3，48 そのような計画を立てた理由…1人あたりの入場料金は $300 \times (1-0.2)-50$
$=190$(円)なので，体験活動に使える金額は，$2500-190=2310$(円)である。また，「学びの丘」内での移動時間の
合計は，体動かし体験で⑨，⑪を選ぶと $(6+8+3+1 \times 2) \times 2=38$(分)であり，体験活動に使える時間が，
3時間30分－38分＝172(分)になる。したがって，体験活動に使える時間は170分以内である。これらの条件に合
う組み合わせを探すと，②と⑦と⑨の組み合わせが見つかり，入場料をふくむ1人分の費用の合計は，
$190+700+800+800=2490$(円)，活動時間の合計は $70+50+40=160$(分)である。したがって，このとき政男くん
たちは，「学びの丘」に入ってから，$38+160=198$(分後)の午後3時48分に「学びの丘」を出ることになる。

4 点線ACとBDの交わる点をOとすると，最短きょりでAとBを結ぶABの長さより，遠回
りしてAとBを結ぶAO＋OBの長さの方が長くなるでしょ。三角形ABOと三角形CBO
は合同な直角二等辺三角形だから，OA＝OB＝OCで，OAとOBの長さの和と，OAと
OCの長さの和が等しいよね。だから，ABの長さより点線ACの長さの方が長いとわかる
から，点線ACが5cmのときABの長さは5cmより短くなるよ。

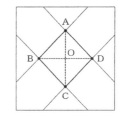

《解　説》

1　解答例の他にも以下の組み合わせが見つかる。

Aコースを四班と七班，Bコースを五班と六班と八班，Cコースを一班と二班と三班が担当する。

Aコースを五班と六班と七班，Bコースを一班と三班，Cコースを二班と四班と八班が担当する。

Aコースを五班と六班と七班，Bコースを四班と八班，Cコースを一班と二班と三班が担当する。

2　説明する内容…誤って液体を吸いこむことの他に，勢いよく息をふきこんで液体が飛び散ったり，息をふきこんでいるときに試験管の口から出てくる有害な気体を大量に吸いこんだりすることも危険なことである。

実験の計画…４つの液体のおもな特ちょうを右表にまとめた。液体の性質を調べるのにBTBよう液やムラサ

	水	石灰水	食塩水	うすい塩酸
性質	中性	アルカリ性	中性	酸性
とけているもの	なし	水酸化カルシウム(固体)	食塩(固体)	塩化水素(気体)
鉄に加える	変化しない	変化しない	変化しない	あわが発生する
炭酸水を加える	変化しない	白くにごる	変化しない	変化しない

キキャベツのしるを使えば，１つの実験で石灰水とうすい塩酸を区別できるので，２つの実験ですべての液体が何であるかがわかる。

3　体験活動の組み合わせの探し方は以下のようにすればよい。

体験活動に使える金額が2310円で，活動時間が170分である。物作り体験と体動かし体験の組み合わせのうち，最も費用が安い組み合わせは，⑥と⑪で700＋600＝1300(円)である。したがって，食べ物作り体験の費用は，2310－1300＝1010(円)以下でなければならず，①と③は選べない。

②を選ぶと，物作り体験と体動かし体験の費用の合計が2310－700＝1610(円)以下，活動時間の合計が170－70＝100(分)以下となり，条件に合う組み合わせは，⑦と⑨，⑦と⑪が見つかる。

④を選ぶと，物作り体験と体動かし体験の費用の合計が2310－900＝1410(円)以下，活動時間の合計が170－60＝110(分)以下となり，条件に合う組み合わせは，⑦と⑪が見つかる。

よって，解答例以外にも以下のような解答が見つかる。

体験活動が②，⑦，⑪のとき，１人分の費用は，190＋700＋800＋600＝2290(円)，「学びの丘」から出る時刻は，午後０時30分＋38分＋70分＋50分＋50分＝午後３時58分

体験活動が④，⑦，⑪のとき，１人分の費用は，190＋900＋800＋600＝2490(円)，「学びの丘」から出る時刻は，午後０時30分＋38分＋60分＋50分＋50分＝午後３時48分

4　正方形の１辺の長さより対角線の長さの方が長いのはあたりまえのことであるが，その理由を説明するためには，しっかりとした図形についての理解と説明する力が必要である。解答例では，三角形の３辺のうち，一番長い辺以外の２本の辺の長さの和は，一番長い辺の長さより長くなることを利用して説明した。

《解答例》

1 （選んだ資料の番号が２，３の場合の例文）

　　レポート中の□□□□□に入る文章…資料２を見ると、安全で新鮮な農林水産物を安く買いたい消費者が多いです。資料３を見ると、地域の産業が盛んになったと感じている人が半数近くいます。地産地消では、生産者と消費者とのきょりが近くなります。そのため、消費者が安心して買えるようになり、食料自給率の向上や地域産業の活性化につながります。

2 （例文）

　読書に関する聞き取り調査の結果から、どんな本を読めばよいかわからない人や、読みたい本がない人がいることがわかりました。また、読書に関するアンケート調査の結果から、友達がおすすめの本を教えてくれたり貸してくれたりしたことが、本を読むきっかけとなった人がたくさんいることがわかりました。このことから、私は、友達にすすめたい本について５年生にアンケートを取り、その結果をプリントにして配ることを提案します。同学年の友達のおすすめの本がわかれば、本を読むよいきっかけになると思います。

3 　１．年中行事の発生と継続は、自然との関係が正常なことを望み、不正常になることを避けたいという気持ちによるものだということ。　　２．(1)自然との関係にもっと目を向けるために、農山村社会と結びつきのある伝統的な年中行事について考え、そのありようも、親の代以前のものにもどすということ。

　(2)（例文）

　伝統的な年中行事を知るために、学校の授業にその行事を取り入れて体験できるようにしたり、地域の祭りに行事を組みこんだりすることが考えられる。そうすれば、伝統的な年中行事を取り入れる家庭や地域が増えていき、後世に残すことができると思う。

《解　説》

1 日本の農林水産業の抱える問題には何があるかを考えてから，それぞれの資料と関連付けるとまとめやすい。また，資料１より，働く人の数において 15〜64 歳の生産年齢人口での減少が際立っていることから，高齢化が進んでいること，資料２より，生きがいを実感している高齢者が約半数であることを読み取り，消費者の反応や評価が届きやすいという地産地消の特長と関連付けてまとめても良い。このほか，地産地消には，地元の人々が地元でつくられた農林水産物を買うことで，その地域のお金が他の地域に流出することなく地域内で循環することや，輸送距離が少なくなることで，トラックなどから排出される二酸化炭素の量を抑えることができるといった特長もあるが，資料の調査結果からレポートの内容が離れないように気を付けよう。

2 まず，「１か月の読書冊数が『３冊より少ない』または『読んでいない』と回答した５年生に対して行った，読書に関する聞き取り調査の結果」（資料１）と「５年生全員に行った読書に関するアンケート調査の結果」（資料２）を照らし合わせる。資料２の「本を読むきっかけとなっていること」の中に，資料１の読書冊数が３冊より少なかったり読んでいなかったりする人の，本をあまり読まない理由と思われる回答を解決できるようなものがないか考える。その上で，図書委員として具体的な活動内容を考えれば，効果的な提案ができる。

3 　１　――①は，直前の「年中行事の発生と継続の最大の理由は，そこにある」を強調したものである。「そこ」が指すのは，――①の２行前の「自然との関係が正常なことを切望し，不正常になることを回避したい，とする気持

ち」を指している。問題文で,「どのようなことですか」と聞いているので,解答の文末を「〜こと。」にしてまとめる。

2(1)　「先祖がえり」の一般的な意味は「生物が進化の過程で失ったと考えられる形態・性質が,子孫に突然現れること」だが,ここでは比ゆ的な用いられ方をしている。第3段落で筆者は「日本における民衆とは,ムラに永住した人びと」で,「その事実を無視しては,日本の伝統文化は,語れないはずなのである」と述べている。その「日本の伝統文化」の一つである「年中行事の発生と継続の最大の理由」は,「自然との関係が正常なことを切望し,不正常になることを回避したい,とする気持ち」である。第1段落で「かつて,人びとは,自然と対峙して暮らしていた」とあるように,現代に生きるわれわれは,もっと自然との関係に目を向けるべきだと考えている。そのため,「せめて親の代以前に」「できれば先祖たちがムラに暮らしていたころにまでさかのぼって」考え,そのありようも,当時のものにもどすことをしてみなくてはならないのではないかと考えている。　(2)　伝統的な年中行事を知り,自然と向き合って生きてきた先祖たちの気持ちを理解することで,伝統行事の本来の意味やありようを後世に残すことができる。そのために,地域や学校など身近な場面で,具体的にどのような取組が考えられるかをまとめる。

■ ご使用にあたってのお願い・ご注意

（1）問題文等の非掲載

著作権上の都合により，問題文や図表などの一部を掲載できない場合があります。

誠に申し訳ございませんが，ご了承くださいますようお願いいたします。

（2）過去問における時事性

過去問題集は，学習指導要領の改訂や社会状況の変化，新たな発見などにより，現在とは異なる表記や解説になっている場合があります。過去問の特性上，出題当時のままで出版していますので，あらかじめご了承ください。

（3）配点

学校等から配点が公表されている場合は，記載しています。公表されていない場合は，記載していません。

独自の予想配点は，出題者の意図と異なる場合があり，お客様が学習するうえで誤った判断をしてしまう恐れがあるため記載していません。

（4）無断複製等の禁止

購入された個人のお客様が，ご家庭でご自身またはご家族の学習のためにコピーをすることは可能ですが，それ以外の目的でコピー，スキャン，転載（ブログ，ＳＮＳなどでの公開を含みます）などをすることは法律により禁止されています。学校や学習塾などで，児童生徒のためにコピーをして使用することも法律により禁止されています。

ご不明な点や，違法な疑いのある行為を確認された場合は，弊社までご連絡ください。

（5）けがに注意

この問題集は針を外して使用します。針を外すときは，けがをしないように注意してください。また，表紙カバーや問題用紙の端で手指を傷つけないように十分注意してください。

（6）正誤

制作には万全を期しておりますが，万が一誤りなどがございましたら，弊社までご連絡ください。

なお，誤りが判明した場合は，弊社ウェブサイトの「ご購入者様のページ」に掲載しておりますので，そちらもご確認ください。

■ お問い合わせ

解答例，解説，印刷，製本など，問題集発行におけるすべての責任は弊社にあります。

ご不明な点がございましたら，弊社ウェブサイトの「お問い合わせ」フォームよりご連絡ください。迅速に対応いたしますが，営業日の都合で回答に数日を要する場合があります。

ご入力いただいたメールアドレス宛に自動返信メールをお送りしています。自動返信メールが届かない場合は，「よくある質問」の「メールの問い合わせに対し返信がありません。」の項目をご確認ください。

また弊社営業日（平日）は，午前９時から午後５時まで，電話でのお問い合わせも受け付けています。

2025 春

株式会社教英出版

〒422-8054　静岡県静岡市駿河区南安倍３丁目 12-28

TEL　054-288-2131　　FAX　054-288-2133

URL　https://kyoei-syuppan.net/

MAIL　siteform@kyoei-syuppan.net

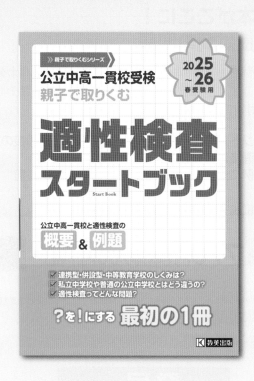

教英出版 2025年春受験用 中学入試問題集

学 校 別 問 題 集
★はカラー問題対応

北 海 道
① [市立] 札幌開成中等教育学校
② 藤 女 子 中 学 校
③ 北 嶺 中 学 校
④ 北星学園女子中学校
⑤ 札 幌 大 谷 中 学 校
⑥ 札 幌 光 星 中 学 校
⑦ 立 命 館 慶 祥 中 学 校
⑧ 函 館 ラ・サール 中 学 校

青 森 県
① [県立] 三本木高等学校附属中学校

岩 手 県
① [県立] 一関第一高等学校附属中学校

宮 城 県
① [県立] 宮城県古川黎明中学校
② [県立] 宮城県仙台二華中学校
③ [市立] 仙台青陵中等教育学校
④ 東 北 学 院 中 学 校
⑤ 仙 台 白 百 合 学 園 中 学 校
⑥ 聖ウルスラ学院英智中学校
⑦ 宮 城 学 院 中 学 校
⑧ 秀 光 中 学 校
⑨ 古 川 学 園 中 学 校

秋 田 県
① [県立] 大館国際情報学院中学校
秋田南高等学校中等部
横手清陵学院中学校

山 形 県
① [県立] 東桜学館中学校
致道館中学校

福 島 県
① [県立] 会津学鳳中学校
ふたば未来学園中学校

茨 城 県
① [県立] 日立第一高等学校附属中学校
太田第一高等学校附属中学校
水戸第一高等学校附属中学校
鉾田第一高等学校附属中学校
鹿島高等学校附属中学校
土浦第一高等学校附属中学校
竜ヶ崎第一高等学校附属中学校
下館第一高等学校附属中学校
下妻第一高等学校附属中学校
水海道第一高等学校附属中学校
勝田中等教育学校
並木中等教育学校
古河中等教育学校

栃 木 県
① [県立] 宇都宮東高等学校附属中学校
佐野高等学校附属中学校
矢板東高等学校附属中学校

群 馬 県
① [県立] 中央中等教育学校
[市立] 四ツ葉学園中等教育学校
[市立] 太 田 中 学 校

埼 玉 県
① [県立] 伊 奈 学 園 中 学 校
② [市立] 浦 和 中 学 校
③ [市立] 大宮国際中等教育学校
④ [市立] 川口市立高等学校附属中学校

千 葉 県
① [県立] 千 葉 中 学 校
東 葛 飾 中 学 校
② [市立] 稲毛国際中等教育学校

東 京 都
① [国立] 筑波大学附属駒場中学校
② [都立] 白鷗高等学校附属中学校
③ [都立] 桜修館中等教育学校
④ [都立] 小石川中等教育学校
⑤ [都立] 両国高等学校附属中学校
⑥ [都立] 立川国際中等教育学校
⑦ [都立] 武蔵高等学校附属中学校
⑧ [都立] 大泉高等学校附属中学校
⑨ [都立] 富士高等学校附属中学校
⑩ [都立] 三 鷹 中 等 教 育 学 校
⑪ [都立] 南多摩中等教育学校
⑫ [区立] 九 段 中 等 教 育 学 校
⑬ 開 成 中 学 校
⑭ 麻 布 中 学 校
⑮ 桜 蔭 中 学 校
⑯ 女 子 学 院 中 学 校
★⑰ 豊島岡女子学園中学校
⑱ 東京都市大学等々力中学校
⑲ 世 田 谷 学 園 中 学 校
★⑳ 広尾学園中学校 (第2回)
★㉑ 広尾学園中学校 (医進・サイエンス回)
㉒ 渋谷教育学園渋谷中学校 (第1回)
㉓ 渋谷教育学園渋谷中学校 (第2回)
㉔ 東京農業大学第一高等学校中等部
(2月1日 午後)
㉕ 東京農業大学第一高等学校中等部
(2月2日 午後)

神奈川県

① [県立] 相模原中等教育学校 / 平塚中等教育学校
② [市立] 南高等学校附属中学校
③ [市立] 横浜サイエンスフロンティア高等学校附属中学校
④ [市立] 川崎高等学校附属中学校
✿⑤ 聖 光 学 院 中 学 校
✿⑥ 浅 野 中 学 校
⑦ 洗 足 学 園 中 学 校
⑧ 法 政 大 学 第 二 中 学 校
⑨ 逗 子 開 成 中 学 校 (1次)
⑩ 逗 子 開 成 中 学 校 (2・3次)
⑪ 神奈川大学附属中学校 (第1回)
⑫ 神奈川大学附属中学校 (第2・3回)
⑬ 栄 光 学 園 中 学 校
⑭ フェリス女学院中学校

新潟県

① [県立] 村上中等教育学校 / 柏崎翔洋中等教育学校 / 燕中等教育学校 / 津南中等教育学校 / 直江津中等教育学校 / 佐渡中等教育学校
② [市立] 高志中等教育学校
③ 新 潟 第 一 中 学 校
④ 新 潟 明 訓 中 学 校

石川県

① [県立] 金 沢 錦 丘 中 学 校
② 星 稜 中 学 校

福井県

① [県立] 高 志 中 学 校

山梨県

① 山 梨 英 和 中 学 校
② 山 梨 学 院 中 学 校
③ 駿 台 甲 府 中 学 校

長野県

① [県立] 屋代高等学校附属中学校 / 諏訪清陵高等学校附属中学校
② [市立] 長 野 中 学 校

岐阜県

① 岐 阜 東 中 学 校
② 鶯 谷 中 学 校
③ 岐阜聖徳学園大学附属中学校

静岡県

① [国立] 静岡大学教育学部附属中学校 (静岡・島田・浜松)
② [県立] 清水南高等学校中等部 / [県立] 浜松西高等学校中等部 / [市立] 沼津高等学校中等部
③ 不二聖心女子学院中学校
④ 日 本 大 学 三 島 中 学 校
⑤ 加 藤 学 園 暁 秀 中 学 校
⑥ 星 陵 中 学 校
⑦ 東海大学付属静岡翔洋高等学校中等部
⑧ 静 岡 サ レ ジ オ 中 学 校
⑨ 静 岡 英 和 女 学 院 中 学 校
⑩ 静 岡 雙 葉 中 学 校
⑪ 静 岡 聖 光 学 院 中 学 校
⑫ 静 岡 学 園 中 学 校
⑬ 静 岡 大 成 中 学 校
⑭ 城 南 静 岡 中 学 校
⑮ 静 岡 北 中 学 校
⑯ 常葉大学附属常葉中学校 / 常葉大学附属橘中学校 / 常葉大学附属菊川中学校
⑰ 藤 枝 明 誠 中 学 校
⑱ 浜 松 開 誠 館 中 学 校
⑲ 静岡県西遠女子学園中学校
⑳ 浜 松 日 体 中 学 校
㉑ 浜 松 学 芸 中 学 校

愛知県

① [国立] 愛知教育大学附属名古屋中学校
② 愛 知 淑 徳 中 学 校
③ 名古屋経済大学市邨中学校 / 名古屋経済大学高蔵中学校
④ 金 城 学 院 中 学 校
⑤ 椙 山 女 学 園 中 学 校
⑥ 東 海 中 学 校
⑦ 南 山 中 学 校 男 子 部
⑧ 南 山 中 学 校 女 子 部
⑨ 聖 霊 中 学 校
⑩ 滝 中 学 校
⑪ 名 古 屋 中 学 校
⑫ 大 成 中 学 校
⑬ 愛 知 中 学 校
⑭ 星 城 中 学 校
⑮ 名 古 屋 葵 大 学 中 学 校 (名古屋女子大学中学校)
⑯ 愛知工業大学名電中学校
⑰ 海陽中等教育学校 (特別給費生)
⑱ 海陽中等教育学校 (Ⅰ・Ⅱ)
⑲ 中部大学春日丘中学校
新刊⑳ 名 古 屋 国 際 中 学 校

三重県

① [国立] 三重大学教育学部附属中学校
② 暁 中 学 校
③ 海 星 中 学 校
④ 四日市メリノール学院中学校
⑤ 高 田 中 学 校
⑥ セントヨゼフ女子学園中学校
⑦ 三 重 中 学 校
⑧ 皇 學 館 中 学 校
⑨ 鈴 鹿 中 等 教 育 学 校
⑩ 津 田 学 園 中 学 校

滋賀県

① [国立] 滋賀大学教育学部附属中学校
② [県立] 河 瀬 中 学 校 / 守 山 中 学 校 / 水 口 東 中 学 校

京都府

① [国立] 京都教育大学附属桃山中学校
② [府立] 洛北高等学校附属中学校
③ [府立] 園部高等学校附属中学校
④ [府立] 福知山高等学校附属中学校
⑤ [府立] 南陽高等学校附属中学校
⑥ [市立] 西京高等学校附属中学校
⑦ 同 志 社 中 学 校
⑧ 洛 星 中 学 校
⑨ 洛南高等学校附属中学校
⑩ 立 命 館 中 学 校
⑪ 同 志 社 国 際 中 学 校
⑫ 同志社女子中学校 (前期日程)
⑬ 同志社女子中学校 (後期日程)

大阪府

① [国立] 大阪教育大学附属天王寺中学校
② [国立] 大阪教育大学附属平野中学校
③ [国立] 大阪教育大学附属池田中学校

④[府立]富田林中学校
⑤[府立]咲くやこの花中学校
⑥[府立]水都国際中学校
⑦清風中学校
⑧高槻中学校（Ａ日程）
⑨高槻中学校（Ｂ日程）
⑩明星中学校
⑪大阪女学院中学校
⑫大谷中学校
⑬四天王寺中学校
⑭帝塚山学院中学校
⑮大阪国際中学校
⑯大阪桐蔭中学校
⑰開明中学校
⑱関西大学第一中学校
⑲近畿大学附属中学校
⑳金蘭千里中学校
㉑金光八尾中学校
㉒清風南海中学校
㉓帝塚山学院泉ヶ丘中学校
㉔同志社香里中学校
㉕初芝立命館中学校
㉖関西大学中等部
㉗大阪星光学院中学校

兵　庫　県
①[国立]神戸大学附属中等教育学校
②[県立]兵庫県立大学附属中学校
③雲雀丘学園中学校
④関西学院中学部
⑤神戸女学院中学部
⑥甲陽学院中学校
⑦甲南中学校
⑧甲南女子中学校
⑨灘中学校
⑩親和中学校
⑪神戸海星女子学院中学校
⑫滝川中学校
⑬啓明学院中学校
⑭三田学園中学校
⑮淳心学院中学校
⑯仁川学院中学校
⑰六甲学院中学校
⑱須磨学園中学校（第1回入試）
⑲須磨学園中学校（第2回入試）
⑳須磨学園中学校（第3回入試）
㉑白陵中学校

㉒夙川中学校

奈　良　県
①[国立]奈良女子大学附属中等教育学校
②[国立]奈良教育大学附属中学校
③[県立]国際中学校／青翔中学校
④[市立]一条高等学校附属中学校
⑤帝塚山中学校
⑥東大寺学園中学校
⑦奈良学園中学校
⑧西大和学園中学校

和　歌　山　県
①[県立]古佐田丘中学校／向陽中学校／桐蔭中学校／日高高等学校附属中学校／田辺中学校
②智辯学園和歌山中学校
③近畿大学附属和歌山中学校
④開智中学校

岡　山　県
①[県立]岡山操山中学校
②[県立]倉敷天城中学校
③[県立]岡山大安寺中等教育学校
④[県立]津山中学校
⑤岡山中学校
⑥清心中学校
⑦岡山白陵中学校
⑧金光学園中学校
⑨就実中学校
⑩岡山理科大学附属中学校
⑪山陽学園中学校

広　島　県
①[国立]広島大学附属中学校
②[国立]広島大学附属福山中学校
③[県立]広島中学校
④[県立]三次中学校
⑤[県立]広島叡智学園中学校
⑥[市立]広島中等教育学校
⑦[市立]福山中学校
⑧広島学院中学校
⑨広島女学院中学校
⑩修道中学校

⑪崇徳中学校
⑫比治山女子中学校
⑬福山暁の星女子中学校
⑭安田女子中学校
⑮広島なぎさ中学校
⑯広島城北中学校
⑰近畿大学附属広島中学校福山校
⑱盈進中学校
⑲如水館中学校
⑳ノートルダム清心中学校
㉑銀河学院中学校
㉒近畿大学附属広島中学校東広島校
㉓ＡＩＣＪ中学校
㉔広島国際学院中学校
㉕広島修道大学ひろしま協創中学校

山　口　県
①[県立]下関中等教育学校／高森みどり中学校
②野田学園中学校

徳　島　県
①[県立]富岡東中学校／川島中学校／城ノ内中等教育学校
②徳島文理中学校

香　川　県
①大手前丸亀中学校
②香川誠陵中学校

愛　媛　県
①[県立]今治東中等教育学校／松山西中等教育学校
②愛光中学校
③済美平成中等教育学校
④新田青雲中等教育学校

高　知　県
①[県立]安芸中学校／高知国際中学校／中村中学校

福 岡 県

① [国立] 福岡教育大学附属中学校
（福岡・小倉・久留米）

② [県立]
　育 徳 館 中 学 校
　門 司 学 園 中 学 校
　宗 像 中 学 校
　嘉穂高等学校附属中学校
　輝翔館中等教育学校

③ 西 南 学 院 中 学 校
④ 上 智 福 岡 中 学 校
⑤ 福 岡 女 学 院 中 学 校
⑥ 福 岡 雙 葉 中 学 校
⑦ 照 曜 館 中 学 校
⑧ 筑 紫 女 学 園 中 学 校
⑨ 敬 愛 中 学 校
⑩ 久 留 米 大 学 附 設 中 学 校
⑪ 飯 塚 日 新 館 中 学 校
⑫ 明 治 学 園 中 学 校
⑬ 小 倉 日 新 館 中 学 校
⑭ 久 留 米 信 愛 中 学 校
⑮ 中 村 学 園 女 子 中 学 校
⑯ 福 岡 大 学 附 属 大 濠 中 学 校
⑰ 筑 陽 学 園 中 学 校
⑱ 九 州 国 際 大 学 付 属 中 学 校
⑲ 博 多 女 子 中 学 校
⑳ 東 福 岡 自 彊 館 中 学 校
㉑ 八 女 学 院 中 学 校

佐 賀 県

① [県立]
　香 楠 中 学 校
　致 遠 館 中 学 校
　唐 津 東 中 学 校
　武 雄 青 陵 中 学 校

② 弘 学 館 中 学 校
③ 東 明 館 中 学 校
④ 佐 賀 清 和 中 学 校
⑤ 成 穎 中 学 校
⑥ 早 稲 田 佐 賀 中 学 校

長 崎 県

① [県立]
　長 崎 東 中 学 校
　佐 世 保 北 中 学 校
　諫 早 高 等 学 校 附 属 中 学 校

② 青 雲 中 学 校
③ 長 崎 南 山 中 学 校
④ 長 崎 日 本 大 学 中 学 校
⑤ 海 星 中 学 校

熊 本 県

① [県立]
　玉名高等学校附属中学校
　宇 土 中 学 校
　八 代 中 学 校

② 真 和 中 学 校
③ 九 州 学 院 中 学 校
④ ル ー テ ル 学 院 中 学 校
⑤ 熊 本 信 愛 女 学 院 中 学 校
⑥ 熊 本 マ リ ス ト 学 園 中 学 校
⑦ 熊 本 学 園 大 学 付 属 中 学 校

大 分 県

① [県立] 大 分 豊 府 中 学 校
② 岩 田 中 学 校

宮 崎 県

① [県立] 五 ヶ 瀬 中 等 教 育 学 校

② [県立]
　宮崎西等学校附属中学校
　都城泉ヶ丘高等学校附属中学校

③ 宮 崎 日 本 大 学 中 学 校
④ 日 向 学 院 中 学 校
⑤ 宮 崎 第 一 中 学 校

鹿 児 島 県

① [県立] 楠 隼 中 学 校
② [市立] 鹿 児 島 玉 龍 中 学 校
③ 鹿 児 島 修 学 館 中 学 校
④ ラ ・ サ ー ル 中 学 校
⑤ 志 學 館 中 等 部

沖 縄 県

① [県立]
　与 勝 緑 が 丘 中 学 校
　開 邦 中 学 校
　球 陽 中 学 校
　名護高等学校附属桜中学校

もっと過去問シリーズ

北 海 道

北嶺中学校
　7年分（算数・理科・社会）

静 岡 県

静岡大学教育学部附属中学校
（静岡・島田・浜松）
　10年分（算数）

愛 知 県

愛知淑徳中学校
　7年分（算数・理科・社会）
東海中学校
　7年分（算数・理科・社会）
南山中学校男子部
　7年分（算数・理科・社会）

南山中学校女子部
　7年分（算数・理科・社会）
滝中学校
　7年分（算数・理科・社会）
名古屋中学校
　7年分（算数・理科・社会）

岡 山 県

岡山白陵中学校
　7年分（算数・理科）

広 島 県

広島大学附属中学校
　7年分（算数・理科・社会）
広島大学附属福山中学校
　7年分（算数・理科・社会）
広島学院中学校
　7年分（算数・理科・社会）
広島女学院中学校
　7年分（算数・理科・社会）
修道中学校
　7年分（算数・理科・社会）
ノートルダム清心中学校
　7年分（算数・理科・社会）

愛 媛 県

愛光中学校
　7年分（算数・理科・社会）

福 岡 県

福岡教育大学附属中学校
（福岡・小倉・久留米）
　7年分（算数・理科・社会）
西南学院中学校
　7年分（算数・理科・社会）
久留米大学附設中学校
　7年分（算数・理科・社会）
福岡大学附属大濠中学校
　7年分（算数・理科・社会）

佐 賀 県

早稲田佐賀中学校
　7年分（算数・理科・社会）

長 崎 県

青雲中学校
　7年分（算数・理科・社会）

鹿 児 島 県

ラ・サール中学校
　7年分（算数・理科・社会）

※もっと過去問シリーズは
　国語の収録はありません。

 教英出版

〒422-8054
静岡県静岡市駿河区南安倍3丁目12-28
TEL 054-288-2131
FAX 054-288-2133
詳しくは教英出版で検索

教英出版　　検索

URL https://kyoei-syuppan.net/

令和6年度

適 性 検 査 1
(9:35〜10:20)

広島県立三次中学校

受検番号	第　　　　　番

1 次の会話は、彩さんと彩さんのお母さんが晩ごはんについて話したものです。

彩 「お母さん。今日の晩ごはん、私がカレーを作るよ。」
母 「今は夏だから、旬の野菜を使った夏野菜カレーを食べたいな。この前作ったチキンカレーは私たち家族5人分を消費税込み834円で作れたから、5人分の夏野菜カレーを消費税込みで800円以上900円未満の金額で作るようにしてはどうかな。玉ねぎ、じゃがいもは当然として、数種類の夏野菜を入れたらどうかな。」
彩 「わかった。玉ねぎ、じゃがいもの他に3種類の夏野菜を入れて、私たち5人分の夏野菜カレーを消費税込みで800円以上900円未満の金額で作るようにするよ。」
母 「カレーに使えそうな夏野菜にはどんなものがあるのかな。」
彩 「さっそくインターネットで、夏野菜カレーの材料と分量を調べてメモにまとめてみるよ。」
母 「私は近所のスーパーのチラシで、材料の値段を調べてメモにまとめておくよ。」

（彩さんが調べた材料と分量をまとめたメモ）

5人分の夏野菜カレーに使う材料と分量

（必ず使う材料と分量）

・豚ひき肉	150 g
・玉ねぎ	$\frac{1}{2}$ 個
・じゃがいも	1 個
・カレールー	$\frac{1}{2}$ 箱

（夏野菜の材料と分量）

①かぼちゃ	$\frac{1}{4}$ 個	④ナス	5 本
②パプリカ	$\frac{1}{2}$ 個	⑤ピーマン	2 個
③オクラ	8 本	⑥トマト	1 個

（お母さんが調べた材料の値段をまとめたメモ）

・豚ひき肉（150 g） 159 円	・かぼちゃ（$\frac{1}{4}$ 個）87 円	・ナス（1 本） 65 円
・玉ねぎ（1 個） 26 円	・パプリカ（1 個）106 円	・ピーマン（3 個入）96 円
・じゃがいも（1 個） 38 円	・オクラ（5 本入）105 円	・トマト（1 個） 106 円
・カレールー（1 箱）214 円		

○ 消費税はそれぞれの値段の中にふくむ。

　あなたが彩さんなら、どの野菜を選んで夏野菜カレーを作りますか。夏野菜の材料と分量の①～⑥の中から3種類の夏野菜を選び、記号で答えなさい。また、それらを使った5人分の夏野菜カレーの材料費の合計金額とその求め方を書きなさい。ただし、余った材料の費用はふくめないこととします。

適性1―1

問題は、次のページに続きます。

2　　6年生の太郎さんは、ある中学校の文化祭で科学部の実験教室に参加し、科学部の生徒が用意したプリントをもとに、箱の中の回路を予想するゲームを行いました。ゲームに使う箱には、かん電池が1つ使われている箱とかん電池が2つ使われている箱の2種類があります。これについて、あとの1・2に答えなさい。

（科学部の生徒が用意したプリント）

条件に当てはまる回路を予想しよう！

【ゲームの進め方】
① 箱の上に出ているたんしA〜Dのうち、2つのたんしと豆電球を導線でつなぎ、豆電球がつくかどうかを確認する。（図1）
② すべてのたんしの組み合わせについて、豆電球がつくかどうかを、表に記録する。
③ 作成した表から【回路の条件】にそって、箱の中の回路を予想して、図2を参考にして解答用紙に予想した回路をかく。

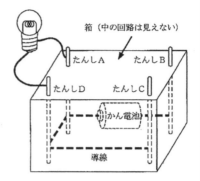

図1　たんしと豆電球のつなぎ方の例

【回路の条件】
ア　箱の中のたんしA〜Dには、それぞれ導線が1本以上つなげられている。
イ　かん電池は、図1の箱の中に示しているように、2つのたんしと導線でつなげられている。
ウ　たんしとたんしの間につなげられているかん電池は1つである。
エ　箱の中の導線は、図3のように、四角形または三角形ができるようなつなぎ方はしていない。さらに、導線が2本ななめに交わっていない。

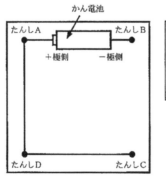

図2　予想した箱の中の回路を解答用紙にかくときの例

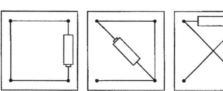

図3　【回路の条件】のエで説明した回路の例

適性1—3

1　次の表１は、太郎さんが２種類の箱のうち、かん電池が１つ使われている箱でゲームを行った結果をまとめたものです。豆電球がついたときには○、豆電球がつかなかったときには×として結果を表に記録しました。

表１

選んだたんし	豆電球の様子
たんしＡとたんしＢ	×
たんしＡとたんしＣ	×
たんしＡとたんしＤ	○
たんしＢとたんしＣ	×
たんしＢとたんしＤ	○
たんしＣとたんしＤ	○

　あなたが太郎さんなら、この表１の結果をもとに、箱の中の回路はどのような回路になっていると考えますか。図２を参考にして解答用紙に箱の中の回路を２種類かきなさい。ただし、導線のつなぎ方が同じで、かん電池の＋極と－極を入れかえた回路は同じものとします。

2　次の表２は、太郎さんが２種類の箱のうち、かん電池が２つ使われている箱でゲームを行った結果をまとめたものです。その結果、たんしＡとたんしＣをつないだ場合に豆電球が最も明るくなりました。このことから、かん電池が１つ使われている箱でゲームを行ったときよりも豆電球が明るくなったときには◎として結果を表に記録しました。

表２

選んだたんし	豆電球の様子
たんしＡとたんしＢ	○
たんしＡとたんしＣ	◎
たんしＡとたんしＤ	○
たんしＢとたんしＣ	○
たんしＢとたんしＤ	×
たんしＣとたんしＤ	○

　あなたが太郎さんなら、この表２の結果をもとに、箱の中の回路はどのような回路になっていると考えますか。図２を参考にして解答用紙に箱の中の回路を１種類かきなさい。

3 健太さんのお父さんは、健太さんのために円の形をしたロボットそうじ機を買いました。健太さんは、ロボットそうじ機ができるだけ広い面積をそうじできるように、自分の部屋の家具の配置を変えようとしています。図1は、健太さんの現在の部屋の様子です。また、表1は、健太さんの部屋にある家具の縦と横の長さをまとめた表です。

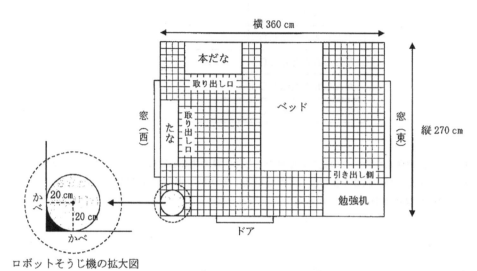

ロボットそうじ機の拡大図

図1　健太さんの現在の部屋の様子（1目盛り10cm）

表1　家具の縦と横の長さをまとめた表

家具	縦の長さ×横の長さ
ベッド	200 cm × 100 cm
勉強机	50 cm × 100 cm
本だな	50 cm × 90 cm
たな	30 cm × 100 cm

適性1―5

健太さんは、ロボットそうじ機の特徴と家具を配置するときの条件を次のようにまとめました。

（ロボットそうじ機の特徴）

・直径40cmの円の形であり、通過した部分はすべてそうじするものとする。

・常に一定の速さで移動し、そうじしながら進む。

・幅が40cmあれば通路を通ることができ、回転して方向を変更することができる。

・図1の「ロボットそうじ機の拡大図」で黒くぬりつぶした部分のように、かべとかべ、かべと家具、家具と家具のすみはそうじすることができない。

・家具の下には入ることができず、そうじすることができない。

（健太さんの家具を配置するときの条件）

・東側の窓の前、縦150cm×横100cmの15000cm²の範囲内には、家具を置かない。

・西側の窓の前、縦150cm×横100cmの15000cm²の範囲内には、本だなを置かない。

・ドアの前、縦50cm×横90cmの4500cm²の範囲内には、家具を置かない。

・本だなとたなの取り出し口側の前は、40cm以上あける。

・勉強机は長方形の長い辺の方が必ずかべに接するように置き、引き出し側の前、縦50cm×横100cmの5000cm²の範囲内には、家具を置かない。

・家具の上に家具を重ねて置かない。

　あなたが健太さんなら、ロボットそうじ機ができるだけ広い面積をそうじできるようにするために、どのように家具を配置しますか。解答用紙の方眼に、家具を配置した図をかきなさい。なお、家具を配置した図は、図1のように、配置した家具がどの家具かわかるようにかきなさい。また、そのように家具を配置したとき、ロボットそうじ機がそうじする面積の求め方を、式をふくめてかきなさい。ただし、解答用紙の方眼は1目盛り10cm、円周率は3.14とし、ロボットそうじ機の充電場所は考えないものとします。

K 教英出版

適 性 検 査 2

（11：00～11：45）

受検番号	第	番

1 　6年生の雄太さんは、漁師が漁港の再建に取り組むテレビ番組を見て、水産業には様々な課題があることを知りました。そこで雄太さんは、社会科の授業で学習した「水産業がさかんな地域」を思い出し、日本の水産業の特色と現在の課題について調べてみようと思いました。
　　次の資料1〜6は、雄太さんが見つけた資料です。次のページのレポートは、雄太さんが見つけた資料を活用して、「日本の水産業と私たちの食生活」をテーマにし、まとめているところです。これらをみて、次のページの1・2に答えなさい。

資料1　主な漁港の水あげ量と主な魚介類
　　　　　　　（2015年）

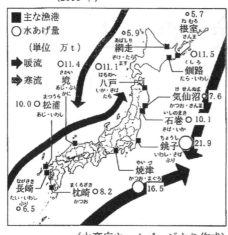

（水産庁ホームページより作成）

資料2　日本の漁かく量の移り変わり

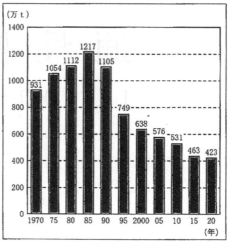

（水産庁ホームページより作成）

資料3　水産業で働く人々の年齢別割合

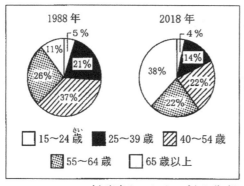

（水産庁ホームページより作成）

資料4　日本における一人あたりの魚介類
　　　　の購入数量の変化（1年間）

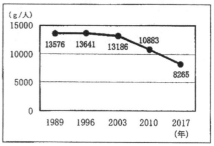

※「g/人」は、一人あたりの数量を示す。

（水産庁ホームページより作成）

適性2−1

資料5　魚介類と肉類の栄養比較（100 g あたり）

	炭水化物	たんぱく質	脂質	カルシウム
あじ	0.1 g	19.7 g	4.5 g	66 mg
いわし	0.2 g	19.2 g	9.2 g	74 mg
牛肉	0.3 g	17.7 g	22.3 g	4 mg
豚肉	0.2 g	19.3 g	19.2 g	4 mg

（文部科学省ホームページより作成）

資料6　魚介類の平均価格の移り変わり
（100 g あたり）

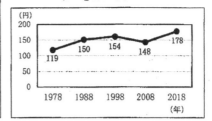

（総務省ホームページより作成）

（雄太さんが作成している途中のレポート）

日本の水産業と私たちの食生活

1　調査のきっかけ

　私は、漁師のみなさんが漁港の再建に取り組むテレビ番組を見て、社会科の授業で学習した「水産業がさかんな地域」を思い出しました。そのテレビ番組を通して、私は日本の食文化と深く関わっている水産業に様々な課題があることを知るとともに、漁師のみなさんが協力して、水産業を盛り上げていこうとする姿に心を打たれました。

　魚介類は、日本の食文化には欠かせません。和食は、ユネスコの人類の無形文化遺産に登録され、世界にほこれるものとなっています。そこで、私は日本の水産業の特色と現在直面している課題、日本の水産業と私たちの食生活の関係について、資料を集めてレポートにまとめました。

2　日本の水産業の特色と現在の課題

　私は、資料1〜3を使って日本の水産業の特色と課題について次のようにまとめました。

（空欄）

3　日本の水産業と私たちの食生活の関係

　日本の水産業が直面している課題には、私たちの食生活にも関わりがあると思いました。そこで、私は、学校でアンケートを行い、くわしく調べてみようと考えました。アンケートの内容および結果は次の通りです。…

1　あなたが雄太さんなら、レポート中の□□□の中にどのような文章を入れますか。解答用紙に横書きで書きなさい。ただし、資料1〜3をふまえることとします。

2　レポート中の□□□の部分は、まだ完成していません。完成させるために雄太さんは、アンケートを実施しようと考えています。あなたが雄太さんなら、資料1〜6を参考にしてどのような内容のアンケートを作成しますか。アンケートをとる対象は雄太さんの小学校の児童、保護者、先生のいずれかとします。また、そのアンケートを作成しようと考えた理由も、解答用紙に横書きで書きなさい。

適性2—2

2　6年生の絵里さんは、総合的な学習の時間に地域の防災について学習しています。これまでに、次の①・②の学習活動を行ってきました。

① 地域の過去の災害について調べ、地域の災害の特徴を明らかにしました。
② 防災施設の見学を行い、地域の防災や減災に関する取組を理解しました。

　そして、今後は、私たちができる地域の防災・減災の取組を考え、全校児童や保護者、地域の方々に向けて提案する学習活動を行います。

　そこで、この学習活動のはじめに、来月の参観日の授業で、地域で起こった自然災害や今後起こりそうな自然災害について、保護者や地域の方々と一緒に校内や校外で調査する活動を行うことになりました。各グループのリーダーが中心となって、参観日当日の調査内容を考えていきます。参観日当日、学校で準備できるものは、ハザードマップとマイ・タイムライン(注1)、地域の地図の3つだと聞いています。絵里さんはAグループのリーダーになりました。なお、次のメモは参観日当日の日程についてまとめたものです。

（参観日当日の日程）

時間	内容
13：15 ～ 13：30	自己紹介・調査の打ち合わせ
13：30 ～ 15：00	調査
15：00 ～ 15：10	休憩
15：10 ～ 15：30	活動のふり返りとまとめ

※調査は校内または校外のどちらでもよい。

　また、次のページの資料1は、絵里さんが通う小学校の児童全員を対象に実施した防災に関するアンケート結果をまとめたもの、資料2・3は、絵里さんが地域の防災意識についてインターネットで調べた結果をまとめたものです。

　あなたが絵里さんなら、家庭や地域の防災の意識を高めるためにどのような調査内容を考えますか。資料1～3をふまえて考えた調査内容を、その理由をふくめ、300字以内で解答用紙に縦書きで書きなさい。

適性2―3

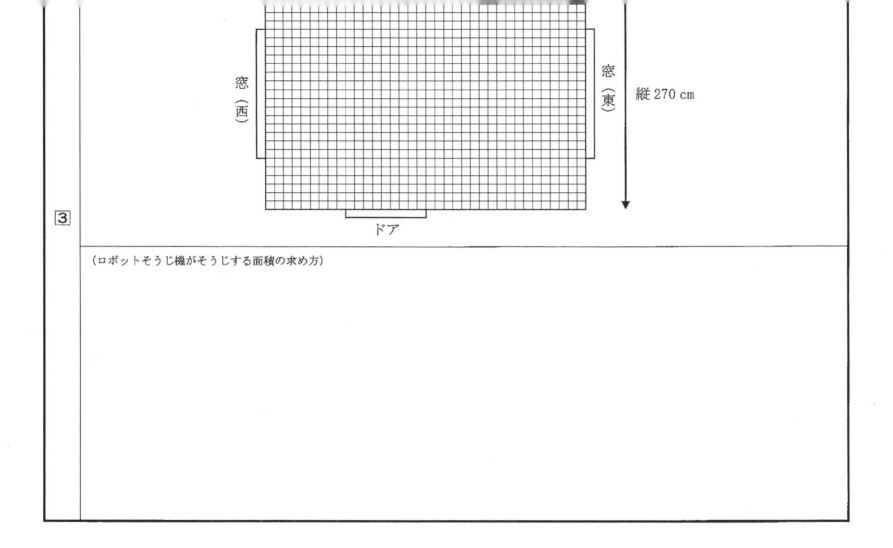

窓（西）

窓（東）

縦 270 cm

ドア

③

（ロボットそうじ機がそうじする面積の求め方）

適性検査2　解答用紙

受　検　番　号

第　　　　　番

1

→ 書き始め　　1

→ 書き始め　　2

（アンケートの対象者・内容）

（対象者）

（内　容）

（理由）

書き始め

※100点満点
（配点非公表）

得	点

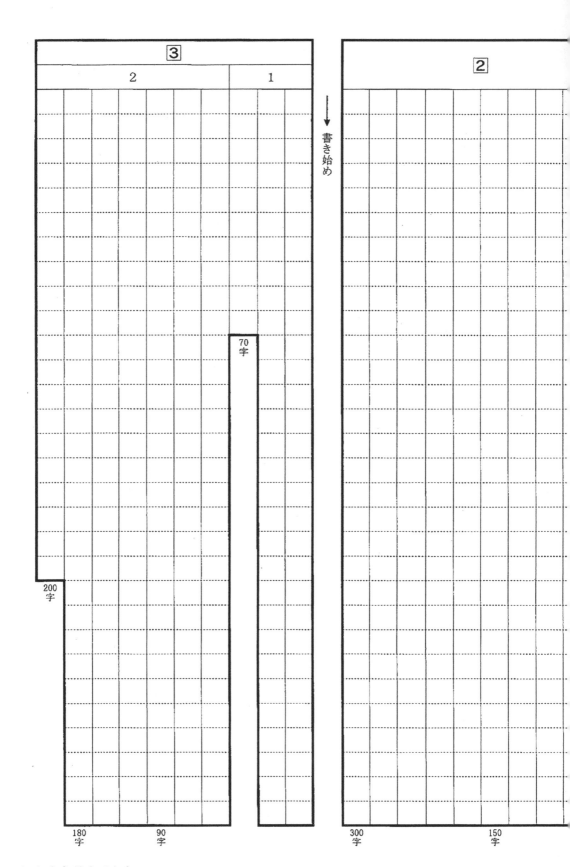

③

2　1

書き始め

70字

200字

180字　90字

② 　300字　150字

2024(R6) 広島県立三次中

K教英出版

【解答

| 受検番号 | 第 | 番 |

適性検査 1　解答用紙

※100点満点
（配点非公表）

| 得 | |
| 点 | |

| 1 | （選んだ３つの夏野菜の記号）

（　　　）（　　　）（　　　）

（５人分の材料費の合計金額）

（　　　　　　　　　　）円 | （合計金額の求め方） |

2　1

たんしA　● 　　　● **たんしB**

たんしD　● 　　　● **たんしC**

たんしA　● 　　　● **たんしB**

たんしD　● 　　　● **たんしC**

2

たんしA　● 　　　● **たんしB**

たんしD　● 　　　● **たんしC**

（健太さんの部屋に家具を配置した図）

資料1　私たちが家庭での防災対策として知っていること（複数回答可）

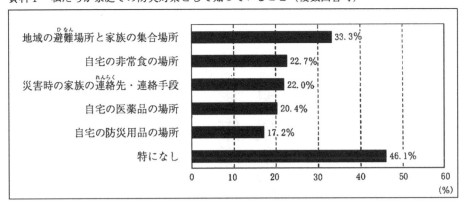

地域の避難場所と家族の集合場所	33.3%
自宅の非常食の場所	22.7%
災害時の家族の連絡先・連絡手段	22.0%
自宅の医薬品の場所	20.4%
自宅の防災用品の場所	17.2%
特になし	46.1%

資料2　地域の防災意識に関する意識調査の結果（複数回答可）

内容	結果
災害に関する情報を自ら入手するためのツール(注2)を確保している	77.1%
災害の種類に応じた避難場所・避難経路を確認している	72.4%
水害・土砂災害の危険を理解している	70.2%
家具等の転倒防止を行っている	56.9%
非常持出品を用意し、かつ3日分以上の食料及び飲料水をたくわえている	55.8%
防災教室・防災訓練へ参加したことがある	46.2%
マイ・タイムラインを作成している	13.0%

資料3　近年発生した豪雨災害において自宅外への避難を考えた「きっかけ」に関するアンケート結果（複数回答可）

内容	結果
雨の降り方や河川の状況など周囲の状況	36.9%
自治体や気象庁が発令（発表）した避難情報や防災気象情報	25.4%
消防署員や町内会、近所の人、家族、友人など他者からの呼びかけ	21.3%
テレビやラジオ、インターネットなどの報道	7.5%
その他	11.6%

（注1）マイ・タイムラインとは、住民一人ひとりのタイムライン防災行動計画であり、災害の発生が予測されるときに、自分自身がとる防災行動を時間とともに整理し、自ら考え命を守る避難行動を考えるものである。

（注2）ツールとは、道具という意味で、災害に関する情報を自ら入手することができる道具としては、防災情報メールや防災情報アプリ、ＳＮＳ（ソーシャルネットワーキングサービス）がある。

3 次の文章は、現代哲学などを研究されている小林康夫さんが書いたものです。これを読んで、あとの1・2に答えなさい。

著作権者への配慮から、
掲載を差し控えております。

（小林康夫「学ぶことの根拠」『何のために「学ぶ」のか』）

1 ①「知らない」ということのほうが重要なのである　とあるが、それはなぜですか。理由を、「知らないことを学ぶ中では」に続けて、70字以内で解答用紙に縦書きで書きなさい。

2 ②人間が何かを成し遂げる力は、エラーにこそある　とあるが、あなたは今後、学校生活の様々な場面で「エラー」を起こした時、どのように考え、行動していきたいですか。次の条件にしたがって解答用紙に縦書きで書きなさい。

（条件）
・学校生活での具体的な「エラー」の場面を設定して書くこと。
・筆者の意見をふまえた上で、自分の考えと行動を書くこと。
・200字以内で書くこと。

適性2—5

K 教英出版

令和5年度

適 性 検 査 1

（9：35〜10：20）

広島県立三次中学校

受検番号	第	番

1 翔太さんと結衣さんの学校では，今年は台湾の学校だけではなく，フィンランドの学校とも
それぞれインターネットを使った交流会（オンライン交流会）を行う計画を立てています。次
の会話は，翔太さん，結衣さんと先生が話したものです。

翔太「昨年は，台湾の中学生が日本の歌を歌ってくれたり，手品を見せてくれたりして楽し
　　　かったよね。」

結衣「そうだね。今年も台湾の学校との交流ができるかな。」

先生「今年は志保さんがフィンランドに留学していますね。ぜひ志保さんが通うフィンラ
　　　ンドの学校も加えて，３つの学校で同時にオンライン交流会をしましょう。」

結衣「３つの学校が同時にオンラインで交流ができるなんて，すごいな。先生，交流する時
　　　間はどのくらいもらえますか。」

先生「交流する時間は50分間とします。それぞれの国や地域で時刻が異なるから，３つ
　　　の学校が同時に交流できる時間帯を考えないといけませんよ。」

翔太「昨年の台湾の学校との交流会では，日本が午後２時のときに台湾が午後１時だったの
　　　で，台湾の時刻は日本の時刻より１時間遅れていたよね。先生，フィンランドの時刻
　　　と日本の時刻はどれくらいちがいますか。」

先生「日本の時刻はフィンランドの時刻よりも７時間進んでいますよ。」

結衣「なるほど。翔太さん，フィンランドと台湾と日本の時刻の関係をもとに，どのような
　　　時間帯で３つの学校が同時に交流できるか考えてみよう。」

　あなたが結衣さんなら，どのような時間帯でオンライン交流会をしますか。解答用紙の
（　）に，あなたが考えたオンライン交流会の開始時刻を日本の時刻で書き入れなさい。また，
その開始時刻に決めた考え方を書きなさい。ただし，インターネットを使うことができる時間
帯は，どの学校もそれぞれの国や地域の時刻で午前８時30分から午後４時30分までとします。

問題は，次のページに続きます。

2 　6年生の太郎さんは，ある中学校の文化祭で科学部の実験教室に参加し，科学部の生徒が用意したプリントをもとに，ばねを使ったゲームを行いました。

(科学部の生徒が用意したプリント)

選んだ2つのばねののびの合計を6cm以上6.5cm以下にせよ!

【ゲームで使う道具】

ばね	おもりの材料	その他
・ばねA　1つ　・ばねB　1つ	・50gのねんど	・台　　　　　　1つ
・ばねC　1つ　・ばねD　1つ	・0.5gのフック　2つ	・電子てんびん　1つ

【ゲームのやり方】

①　ゲームで使う2つのばねは，ばねAとばねBのうちから1つを，また，ばねCとばねDのうちから1つを選ぶ。

②　選んだ2つのばねを台にそれぞれつるす(図1)。

③　0.5gのフックに必要な量だけねんどをとりつけて2つのおもりをつくる(図2)。

④　台につるした2つのばねに，③でつくった2つのおもりをそれぞれつるし，ばねののびをはかる(図3)。

⑤　選んだ2つのばねののびの合計が6cm以上6.5cm以下になっているかを確かめる。

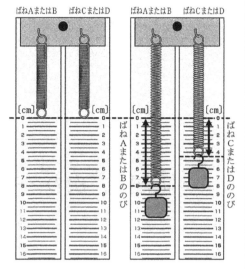

図1　ばねを台につるしたときのようす　　図3　おもりをばねにつるしたときのようす

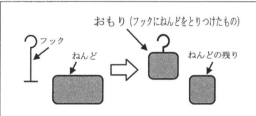

おもりの重さは，次のページの表1〜表4を参考にして決め，おもりをつくる。なお，おもりの重さは電子てんびんを使ってはかる。

図2　おもりのつくり方

【ゲームで使うばねの性質】

　5g，10g，15gのおもりを前のページのゲームで使うばねA，ばねB，ばねC，ばねDにそれぞれつるしたときに，ばねののびがどのように変化するのかを調べると，次の表1〜表4のような結果になった。

表1　おもりの重さとばねAののびの関係

おもりの重さ〔g〕	0	5	10	15
ばねAののび〔cm〕	0	3	6	9

表2　おもりの重さとばねBののびの関係

おもりの重さ〔g〕	0	5	10	15
ばねBののび〔cm〕	0	6	12	18

表3　おもりの重さとばねCののびの関係

おもりの重さ〔g〕	0	5	10	15
ばねCののび〔cm〕	0	2	4	6

表4　おもりの重さとばねDののびの関係

おもりの重さ〔g〕	0	5	10	15
ばねDののび〔cm〕	0	5	10	15

　選んだ2つのばねののびの合計が6cm以上6.5cm以下になるようにするために，あなたが太郎さんなら，どのばねを選び，そのばねに何gのおもりをつるしますか。解答用紙に選んだ2つのばねとそのばねにつるすおもりの重さをそれぞれ書きなさい。また，おもりの重さをそのように決めた考え方を書きなさい。

3 健二さんと優子さんのいる子供会で，6年生を送る会が計画されています。これについて，次の1・2に答えなさい。

1 次の会話は，6年生を送る会のリーダーである5年生の健二さんと優子さんが話したものです。

健二「6年生を送る会には36人中18人が参加する予定だよ。何を準備しようかな。」

優子「この会で，飲み物とお菓子を用意しようと思うの。どうかな。」

健二「いい考えだね。そういえば，近所のスーパーマーケットで，ジュースやお茶がまとめてお得な値段で売られているのを見たことがあるよ。まとめて売られているものを買うのはどうかな。」

優子「そうね。いいと思うよ。ジュースが好きな人もいれば，お茶が好きな人もいるから，ジュースとお茶を合わせて18本になるようにしましょう。」

健二「予算は2500円以内だから，飲み物を買って，残ったお金で9個入った袋入りスナック菓子と36枚入った袋入りチョコレートの2種類を買おう。18人それぞれに，同じ種類を同じ数ずつ配ることができて，お菓子が余らないように買うことにしよう。」

優子「じゃあ，近所の2つのスーパーマーケットのA店とB店のどちらかに買いに行くことにしましょう。今日は土曜日だから，どちらのお店も割引があったよね。」

健二「なるほど。できるだけ予算の2500円を使い切りたいから，残りのお金が100円より少なくなるように考えよう。」

そこで，健二さんは近所の2つのスーパーマーケットのA店とB店に行き，買い物に必要な情報を集めてメモにまとめました。

（健二さんがまとめたメモ）

〔A店とB店に共通すること〕
○ ジュースは3本まとまったものが210円，お茶は2本まとまったものが110円。
○ 9個入った袋入りスナック菓子が1袋215円，36枚入った袋入りチョコレートが1袋320円。
○ 消費税は，それぞれの値段にふくむ。

〔A店とB店で異なること〕
○ A店で土曜日に行われる割引
　食品のみ，合計金額の5％引き。
○ B店で土曜日に行われる割引
　2000円以上買うと，飲み物以外の食品いずれか3つ，それぞれ100円引き。

あなたが健二さんなら，どちらのスーパーマーケットで買い物をしますか。また，ジュースとお茶を何本ずつ，袋入りスナック菓子と袋入りチョコレートをそれぞれ何袋ずつ買いますか。解答用紙の表に，スーパーマーケット名と，ジュースの本数，お茶の本数，袋入りスナック菓子の袋の数，袋入りチョコレートの袋の数をそれぞれ書き入れなさい。なお，解答用紙の（　）には，代金の合計を書き入れなさい。また，その代金の合計を求めた考え方を，式をふくめて書きなさい。

適性1—5

2 5年生の健二さんと優子さんは，子供会にいる6年生4人に感謝の思いをこめて，1年生から5年生の32人が書いた4色のメッセージカードをはりつけて，形や色の組み合わせをくふうした色紙(しきし)をつくって4人それぞれに贈(おく)ろうと考えています。これについて，2人で話し合ったことを優子さんがメモにまとめました。

(優子さんがまとめたメモ)

① 正方形の色紙の縦と横を6等分して36個の合同な正方形のマスをつくる。
② 色紙の真ん中にある4個の正方形の部分（健二さんが思いついた2種類の図の斜線(しゃ)部分）には，それぞれ6年生4人の似顔絵をかく。
③ 残りの32個の正方形を8個ずつ組み合わせて，全体を合同な4つの形に分ける。
④ ①の正方形のマスと同じ大きさの正方形で，赤色・黄色・緑色・青色の4色のメッセージカードをそれぞれ32枚ずつ用意する。1年生から5年生の32人に同じ色のメッセージカードをそれぞれ4枚ずつ配り，6年生4人にメッセージを書く。
⑤ ③の合同な4つの形の中にある8個の正方形のマスそれぞれに同じ色のメッセージカードをはり，4色の模様をつくる。
⑥ 分けた合同な4つの形やメッセージカードは，たがいに重ならないものとする。

　健二さんは，次の2種類の図のような色紙の分け方を思いつきましたが，優子さんは，健二さんとは違う色紙の分け方を2種類考えています。あなたが優子さんなら，メモをもとにどのような色紙の分け方を考えますか。健二さんとは違う色紙の分け方を2種類，解答用紙の図にそれぞれかきなさい。解答用紙の図にあるマスには，赤色・黄色・緑色・青色の文字を書く必要はありません。

　ただし，メモ③にある合同な4つの形が同じものは色に関係なく同じ種類とします。また，メモ③にある合同な4つの形が，右の図のように，1枚の色紙を裏返した分け方も同じ種類とします。

(図)

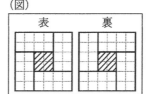

(健二さんが思いついた2種類の図)

青色	青色	青色	黄色	黄色	黄色
青色	青色	青色	黄色	黄色	黄色
青色	青色	/////	/////	黄色	黄色
緑色	緑色	/////	/////	赤色	赤色
緑色	緑色	緑色	赤色	赤色	赤色
緑色	緑色	緑色	赤色	赤色	赤色

青色	青色	青色	青色	黄色	黄色
青色	青色	青色	青色	黄色	黄色
緑色	緑色	/////	/////	黄色	黄色
緑色	緑色	/////	/////	黄色	黄色
緑色	緑色	赤色	赤色	赤色	赤色
緑色	緑色	赤色	赤色	赤色	赤色

2023(R5) 広島県立三次中

K 教英出版

適 性 検 査 2

（11：00〜11：45）

受検番号	第	番

[1] 次の会話は，日本の鉄道の発展について，小学校6年生の美紀さんと先生が話したものです。

美紀「授業で明治時代に鉄道が開業したことを習いました。授業の後，インターネットの記事で，2022年が日本の鉄道開業150周年だと知りました。そのときに疑問に思ったのですが，日本の鉄道は，どのように発展してきたのですか。」

先生「この表を見てください。これは，東京から大阪・京都まで移動する際の交通手段と，どれくらいの時間がかかったのか（所要時間）をまとめたものです。これを見て，どんなことが分かりますか。」

表　東京から大阪・京都まで移動する際の所要時間の変化

時代	交通手段	所要時間
江戸時代中ごろ	徒歩	約14日
明治時代（1870年代〜）	鉄道	約20時間
昭和時代（1960年代〜）	鉄道	約4時間

美紀「江戸時代の交通手段は徒歩であり，所要時間は約14日かかっていたけれど，明治時代以降は鉄道が交通手段として利用され，1日以内で到着できるようになったということが分かります。それに，現在に近づくにつれて所要時間が短くなり，鉄道が発展してきたということも分かります。」

先生「所要時間が短くなり鉄道が発展してきたのは，なぜだと思いますか。」

美紀「衣服においては江戸時代，明治時代，昭和時代へと着物から洋服へ変化が起こったように，鉄道においても社会が大きく変化したことが影響して発展したのではないかと思います。」

先生「よく気づきました。」

美紀「明治時代から昭和時代へと社会が変化するのにともなって鉄道がどのように発展してきたのか考えてみたいです。」

先生「ぜひ，挑戦してみてください。」

美紀「鉄道と言えば，新聞で赤字の鉄道路線についての記事を見つけました。」

先生「赤字の鉄道路線とは一日の乗客が少なく，利益がない路線のことで，存続が難しい鉄道路線のことです。」

美紀「赤字の鉄道路線が廃止されると，人々の生活に大きな影響を与えそうですね。」

先生「そうですね。様々な立場の住民の意見をふまえ，これからの日本の鉄道について考えることも大切ですね。」

　次のページは，美紀さんが本やインターネットで調べた資料を活用して，「日本の鉄道の発展とこれから」をテーマにし，まとめたレポートの一部です。

　あなたが美紀さんなら，どのようなレポートを完成させますか。レポート中の資料1〜4を活用し，A・Bの中に当てはまる文章を解答用紙に横書きでそれぞれ書きなさい。

日本の鉄道の発展とこれから

1 調査のきっかけ

2022年が日本の鉄道開業150周年ということを知り，先生と話をしているうちに，社会の変化にともなって，日本の鉄道が発展してきたことに気づきました。また，新聞で赤字の鉄道路線があり，存続が難しいという記事を見つけ，鉄道がなくなると，人々の生活に大きな影響を与えるかもしれないと思ったことが調査のきっかけです。

2 社会の変化と日本の鉄道の発展

私は，本やインターネットで調べたことをもとに，右の資料1・2を用いて，社会の変化にともなって鉄道がどのように発展してきたのかを，次のようにまとめました。

資料1　1870年代の鉄道の様子

資料2　1960年代の鉄道の様子

3 これからの日本の鉄道

赤字の鉄道路線について，私は本やインターネットで調べたことをもとに，右の資料3・4を用いて，これからの日本の鉄道に対する自分なりの意見を，次のように考えました。

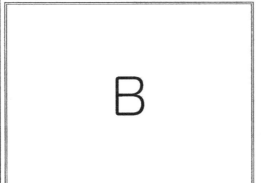

資料3　輸送密度ごとの鉄道路線の割合

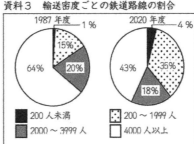

1987年度　1%　15%　20%　64%

2020年度　4%　35%　18%　43%

■ 200人未満　　⠿ 200〜1999人
▨ 2000〜3999人　□ 4000人以上

※輸送密度とは，鉄道1kmあたり，1日に平均何人を輸送したかを示したもので，1987年度と2020年度の鉄道路線の総距離は，ほとんど変化はない。

（国土交通省ホームページより作成）

資料4　輸送量が少ない鉄道路線に対する住民の代表的な意見

・地元の足として活躍してきた鉄道路線がなくなることは寂しい。
・少子高齢化が進む地域で廃校も多々あることから路線の廃止もやむを得ない。
・自動車免許を返納した高齢者も増えていくことから，それに代わる地域の足ができていくことを願う。
・今後ますます鉄道利用者が減り，財政を圧迫すると思う。費用のかからない移動方法，もしくは移動しない方法を考えるべきとは思う。

（国土交通省ホームページより作成）

4 まとめ

社会の変化にともなって，日本の鉄道がどのように発展してきたのかを知ることができました。これからも学校で学んだことと身近な生活を結び付けて考えていきたいです。

2 彩さんは，学級活動で「望ましい人間関係を作るための自己表現の方法を身に付けよう。」
を目標とする授業を受けることになりました。授業を受けるにあたって，クラス全員が学校生
活に関するアンケートと様々な場面における表現方法に関するアンケートに回答しました。ア
ンケート調査の結果は，次の資料１と資料２のグラフのとおりになりました。
　その後，授業で，望ましい人間関係を作るための自己表現の方法を学びました。その授業で
配付されたプリントは，資料２のとおりです。次の１・２に答えなさい。

1　資料１と資料２のグラフをもとに，彩さんのクラスの現状について150字以内で解答用紙
　に縦書きで書きなさい。

2　授業後のある日，弘さんに貸した彩さんの大切な本の表紙が折れて返ってきました。
　あなたが彩さんの立場なら，弘さんと望ましい人間関係を続けていくために，弘さんへ事
　実やあなたの気持ちをどのように伝えますか。資料１・２をもとに，あなたの提案を相手が
　受け入れなかった場合も想定して200字以内で解答用紙に縦書きで書きなさい。

資料１　学校生活に関するアンケート調査の結果

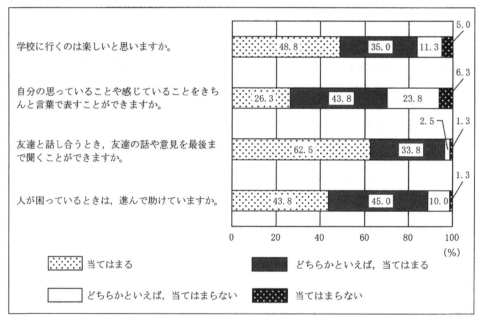

スーパーマーケット名	店
ジュース	本
お茶	本
袋入りスナック菓子	袋
袋入りチョコレート	袋

代金の合計 (　　　　　　　　　　　　) 円

(代金の合計を求めた考え方)

3   1

2

(図)

適性検査2　解答用紙

1

→ 書き始め　　A

↓ 書き始め

→ 書き始め　　B

※100点満点
（配点非公表）

得　　　点

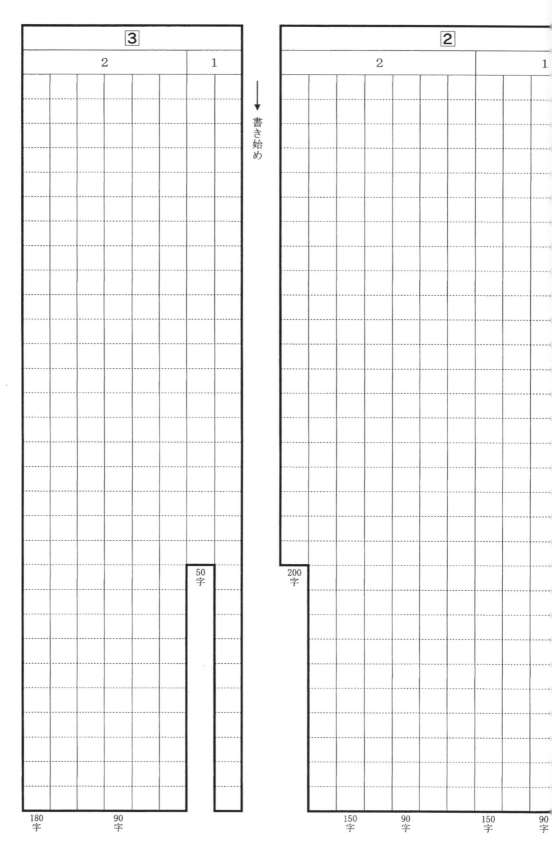

2023(R5) 広島県立三次中

Ｋ 教英出版

【解答

受検番号	第	番

適性検査 1 解答用紙

※100点満点
（配点非公表）

得点	

1

オンライン交流会の開始時刻 （　　　　　　）時（　　　　　　）分

（その開始時刻に決めた考え方）

2

（ばねとおもりの重さ）

選んだばね	おもりの重さ
	g
	g

（そのように決めた考え方）

【解答

資料2　授業で配付されたプリント

目標　望ましい人間関係を作るための自己表現の方法を身に付けよう。

グラフ　様々な場面における表現方法に関するアンケート調査の結果

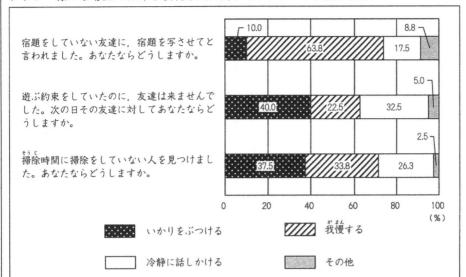

	いかりをぶつける	我慢する
	冷静に話しかける	その他

自己表現の方法

1　描写する。

何が問題になっているのか，どのような状況なのかを客観的に伝える。

2　表現する。

自分がどう感じているかを素直に表現する。

3　提案する。

相手にどのように行動してほしいのか，具体的な解決案を提案する。

4　選択する。

提案したことを相手が「受け入れた場合」と「受け入れなかった場合」に自分が取るべき行動を選択する。提案は相手が受け入れるとは限らないので，受け入れなかった場合も必ず想定しておく。

(注) 描写＝文章や音楽，絵画などで，もののありさまや人間の感情などを表すこと。

適性2—4

③ 次の文章は、建築家である藤森照信さんが書いたものです。これを読んで、あとの１・２に答えなさい。

大学生のときに、建築の歴史をやろうと心に決めて、研究者として生きてきました。建築の歴史のなかでも、日本の、明治以降の近代現代が専門です。

それが思いがけず、45歳のときに建築の設計をすることになり、いまは建築史家として原稿を書く仕事と、建築をつくる仕事と半々くらいの割合です。

建築をつくるとき、私の場合は、設計をするだけでなく、実際にどうつくるかを考えて、山へ木を伐りに行ったり、現場では施工にも参加します。むしろ、①そこがやりたくて設計しているようなもの。頭で考えたことを、自分の手を動かしてつくってみる、その作業こそが、楽しい。

原稿を書くのと違って、設計のためのスケッチを描いたり、ものをつくったりするのは全然苦にならない。きっと脳の使う場所が違うんだと思います。スケッチを描くのは、人間の脳のなかでも古くから発達した動物に近いところでやっている。一方、言語は最も抽象的なものだから、新しく発達した微妙で弱いところが司っているので、使い続けると本当に疲れます。原稿は〆切の前に書きあげる人は稀だし遅れる人は多い。しかし設計は、早々と何案も考えたりします。

私が設計する建築は、屋根に草を生やしたり、木を植えたり、いわゆる普通の建築とは少し違った風体をしています。壁や柱も、栗の木や銅板など自然材料やそれに近いものを独自の仕上げ方で使います。それはしかし、世にいう自然志向とかエコロジーというものとは関係が薄い。表現としての植物仕上げであり、自然材料なのです。

自然と建築の関係は、私にとって設計をするときの最大のテーマです。20世紀のいわゆるモダニズム建築において、自然とどう関係を結ぶかについては誰も何も言及していません。モダニズムの理論は、科学技術的な思想と美学に従い科学技術的な材料でつくるのが前提なので、自然は取り上げようがない。否定も肯定もしていない。

しかし私は、それでは納得できないと思いました。自然―もっと限定すると植物と、人間がつくった人工物である建築との関係を、美学の問題として現代のなかでちゃんと調停させなければならない。もちろん最初から、そんなことを考えていたわけではありません。始めてみたら、自分のなかからフツフツと湧き上がるものがあり、そこにあとから理由を付けると、そういうことなんだろうと思っています。

（藤森照信　「建築が人にはたらきかけること」による。）

（注）　稀＝めずらしいほど、少ない。
　　　　モダニズム＝主に芸術の分野で、伝統主義に対抗して近代的なものや個人的なものを表現しようとした動き。
　　　　調停＝対立する両者のあいだに入って、おたがいが、納得できるような案を示すこと。

1　①そこ　が指す内容について、筆者の具体的な意見をふまえ、50字以内で解答用紙に縦書きで書きなさい。

2　②自然―もっと限定すると植物と、人間がつくった人工物である建築との関係　とあるが、あなたは自然と、人間がつくる人工物がどのような関係を築けばよいと考えますか。具体的な事例をあげ、あなた自身の考えを180字以内で解答用紙に縦書きで書きなさい。

適性2―5

教英出版

令和4年度

適 性 検 査 1

（9：35〜10：20）

注　　　　意

1　検査開始のチャイムがなるまで開いてはいけません。

2　問題用紙の1ページから5ページに，問題が 1 から 3 まであります。

　これとは別に解答用紙が1枚あります。

3　問題用紙と解答用紙に受検番号を書きなさい。

4　答えはすべて解答用紙に記入しなさい。

広島県立三次中学校

受検番号	第　　　　　番

1 小学校6年生の和志さんと澄江さんは，総合的な学習の時間で地域の産業について調べるため，日曜日に果物の直売所が近くにある農園の見学に行きました。農園の見学を終えたあと，直売所でぶどうと梨とりんごを買って帰ることになりました。これらについて，あとの1・2に答えなさい。

1 次の会話は，和志さんと澄江さんが，農園の人の許可を得て，倉庫の窓から撮影した写真を見て話したものです。

和志「澄江さん，この倉庫の中には
　　　ぶどう2kg入りの直方体の
　　　箱が机の上に積まれている
　　　ね。」

澄江「そうね。倉庫の窓から見える
　　　ぶどうの箱は，全部で何個積
　　　まれているのかな。私たちが
　　　撮影した写真に写っている
　　　ぶどうの箱の並びを図にして数えてみようよ。」

澄江さんが撮影した窓

和志さんが撮影した窓

図1　ぶどうの箱を保管している農園の倉庫

和志「でも，私たちが撮影した写真からだと見えないぶどうの箱があるね。澄江さんは，全
　　　部で何個のぶどうの箱が積まれていると思うの。」

澄江「最大で18個，最小で13個のぶどうの箱が積まれていると思うわ。」

和志「私は，最小で10個のぶどうの箱が積まれていると思うよ。」

澄江「えっ。どう考えたの。」

和志「真上から見たぶどうの箱の並びの図をかいて説明するよ。」

図2　ぶどうの箱
　　　1個の形

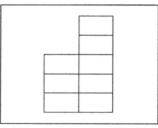

図3　和志さんが撮影した
　　　写真からわかるぶどう
　　　の箱の並び

図4　澄江さんが撮影した
　　　写真からわかるぶどう
　　　の箱の並び

　あなたが和志さんなら，最小で10個のぶどうの箱が積まれていることを説明するために，どのような図をかきますか。真上から見たぶどうの箱の並びの図を解答用紙のマス目に合わせてかきなさい。

適性1—1

2　次の会話は，農園の見学を終えたあと，直売所の前で，迎えに来た澄江さんのお母さんと
　　澄江さんが話したものです。

澄江「この直売所では，持ち帰り用として，ぶどうだけでなく梨とりんごが販売されている
　　　よ。」

　母「それならおばあちゃんへのおみやげに，ぶどう，梨，りんごの３種類の果物を買って
　　　帰りましょうよ。」

澄江「いいわね。きっと喜んでくれるわ。ぶどう，梨，りんごをそれぞれ何箱ずつ買えばい
　　　いかな。」

　母「せっかくだから算数の勉強をしましょうよ。１万円以内でぶどう，梨，りんごの３種
　　　類の果物を買って，おつりを500円以下にするには，ぶどう，梨，りんごをそれぞれ
　　　何箱ずつ買えばいいか考えてごらん。」

澄江「料金表を見ると，ぶどうは１箱1,800円，梨は１箱1,300円，りんごは１箱1,400円
　　　で販売されているね。それと，果物を買うと料金表の価格に８％の消費税が必要にな
　　　るよね。」

　母「いいところに気がついたわね。消費税のことも考える必要があるわね。」

　あなたが澄江さんなら，ぶどう，梨，りんごをそれぞれ何箱ずつ買おうと考えますか。あな
たが考えたぶどう，梨，りんごが入った箱の数の組み合わせを２通り書きなさい。また，ぶど
う，梨，りんごが入った箱の数の組み合わせを求めた考え方を式をふくめてそれぞれ書きなさ
い。

2 小学校６年生の葉月さんは，理科の授業で学習しただ液のはたらきについて興味を持ちました。そこで，さらにくわしく調べるために理科室で実験を行い，次のように実験レポートにまとめました。

葉月さんがまとめた実験レポート

【調べたいと思った理由】
　理科の授業で，だ液がでんぷんを別の物質に変化させる実験を行いました。その実験では，だ液とでんぷん溶液（でんぷんを水にとかしたもの）が入った試験管を40℃のお湯で温める操作を行いました。私は，なぜだ液を40℃のお湯で温める必要があるのか疑問を持ち，大学生の兄に聞きました。すると，兄はインターネットにある資料を見せながら２つのことを教えてくれました。
　１つ目は，だ液がでんぷんを別の物質に変化させる速さは，だ液の温度が40℃で最も速くなることです。
　２つ目は，だ液の温度が40℃より高くなると，だ液がでんぷんを別の物質に変化させる速さが遅くなり，だ液の温度が70℃以上になると，でんぷんを別の物質に変化させるだ液のはたらきが失われることです。
　私は，兄が教えてくれたことを，実験で確かめてみたいと思いました。

【実験の目的】
　だ液の温度が70℃になると，でんぷんを別の物質に変化させるだ液のはたらきが失われるのかを確かめる。

【実験の予想】
　だ液とでんぷん溶液が入った試験管を70℃に温めたお湯の中に入れると，でんぷんを別の物質に変化させるだ液のはたらきが失われ，試験管内のでんぷんが別の物質に変化しないため，試験管にヨウ素液を入れると青むらさき色に変化すると思う。

【実験方法】

実験1

操作①　きれいなビーカーの中に水を300 mL 入れ，コンロで温めて40℃のお湯にし，机の上に置いた。
操作②　きれいな試験管を２本用意し，１本には，だ液を２mL 入れ，もう１本には，水を２mL 入れた。
操作③　操作②の試験管にそれぞれでんぷん溶液を５mL 入れた。
操作④　操作①のビーカーの中に操作③の試験管を入れて，10分間温めた。
操作⑤　操作④の試験管にそれぞれヨウ素液を入れて色の変化を調べ，表にまとめた。

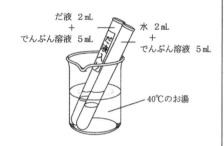

だ液　2 mL
＋
でんぷん溶液　5 mL

水　2 mL
＋
でんぷん溶液　5 mL

40℃のお湯

図１　実験１で試験管を温めるようす

適性1―3

実験2
操作⑥　きれいなビーカーの中に水を300 mL入れ，コンロで温めて70℃のお湯にし，机の上に置いた。
操作⑦　きれいな試験管を2本用意し，1本には，だ液を2 mL入れ，もう1本には，水を2 mL入れた。
操作⑧　操作⑦の試験管にそれぞれでんぷん溶液を5 mL入れた。
操作⑨　操作⑥のビーカーの中に操作⑧の試験管を入れて，10分間温めた。
操作⑩　操作⑨の試験管にそれぞれヨウ素液を入れて色の変化を調べ，表にまとめた。

だ液　2 mL
＋
でんぷん溶液　5 mL

水　2 mL
＋
でんぷん溶液　5 mL

70℃のお湯

図2　実験2で試験管を温めるようす

【実験結果】

表　ヨウ素液を入れたときの色の変化

	だ液＋でんぷん溶液	水＋でんぷん溶液
実験1　(40℃のお湯)	変化なし	青むらさき色に変化した
実験2　(70℃のお湯)	変化なし	青むらさき色に変化した

【考察】
　今回の実験では，だ液の温度が70℃になると，でんぷんを別の物質に変化させるだ液のはたらきが失われることを確かめることができなかった。このことから，兄が見せてくれた資料が正しいとすると，行った実験方法の中に適切ではない操作があったと考えられる。

【反省・感想】
　適切ではないと考えられる操作を改善して再び実験を行い，兄が教えてくれたことを確かめたいと思いました。

　あなたなら，葉月さんが行った実験2の操作⑥〜⑩のどこを改善して，だ液の温度が70℃になると，でんぷんを別の物質に変化させるだ液のはたらきが失われることを確かめますか。解答用紙の適切ではないと考えられる実験の操作の番号の（　　）に×を書き，その操作が適切ではないと考えた理由を書きなさい。さらに，改善した実験の操作を書きなさい。ただし，葉月さんは，実験方法の操作①〜⑩に書かれている通りに実験したものとします。

3 里菜さんと勇太さんの小学校では，スポーツの国際大会へ向けて三次市で合宿をしているメキシコ選手団と交流することになりました。5年生の里菜さんと勇太さんが加入しているあさがお子供会では，5年生と6年生が千羽鶴を折り，メキシコ選手団に贈ることにしました。次の会話は，里菜さんと勇太さんが話したものです。

里菜「今日の子供会の活動で，班ごとに分かれて折り鶴を折ったけれど，折り鶴を折るのは難しいわね。たくさんの折り鶴を折ることができなかったわ。」

勇太「初めに6年生が折り鶴の折り方を教えてくれて，班ごとに見本の折り鶴を1羽ずつ置いてくれたのがよかったね。おかげで見本を見て折ることができたよ。でも，今日折ることができた折り鶴の数と見本の折り鶴の数を合わせても目標の1,000羽までまだまだ到達しないね。1,000羽折るのにあとどれくらい時間がかかるのかな。」

里菜「今日の子供会の活動時間のうち，35分間で折ることができた折り鶴の数を班ごとにまとめたメモがあるわ。」

勇太「今週中に千羽鶴を折らないといけないので，明日と明後日の放課後に子供会で集まって，それぞれ45分間折り鶴を折る活動を行うと6年生が言っていたよ。明日と明後日の活動だけでは1,000羽折るのに時間が足りないと思うけど，だいじょうぶかな。」

里菜「明日と明後日の子供会の活動で今日と同じように同じ人数で折り鶴を折っていけば，35分間ずつしかなかったら，時間が足りないかもしれないけれど，45分間ずつなら，明日と明後日の活動時間内に折り鶴の数は1,000羽以上になると思うわ。」

勇太「そうなのかな。どのように考えたの。」

里菜「では，今日の35分間の活動で折ることができた折り鶴の数を班ごとにまとめたメモに，各班の班員の人数と6年生が見本として置いてくれた折り鶴の数を書き加えて説明するわね。」

表　里菜さんがまとめたメモ

班 （班員の人数）	1班 （4人）	2班 （4人）	3班 （4人）	4班 （4人）	5班 （5人）	6班 （5人）	7班 （5人）
35分間の活動で折ることができた折り鶴の数	36羽	33羽	34羽	41羽	50羽	45羽	42羽
6年生が見本として置いてくれた折り鶴の数	1羽	1羽	1羽	1羽	1羽	1羽	1羽

　あなたが里菜さんなら，明日と明後日の活動で45分間ずつ折り鶴を折ると，折り鶴の数が1,000羽以上となることについてどのように説明をしますか，その説明内容を式をふくめて書きなさい。ただし，その際，35分間ずつ折ると，折り鶴の数が1,000羽より少なくなることについてもふれなさい。

適性1—5

2022(R4) 広島県立三次中
K 教英出版

K教英出版

適 性 検 査 2

（１１：００〜１１：４５）

注　　意

1　検査開始のチャイムがなるまで開いてはいけません。

2　問題用紙の１ページから５ページに，問題が①から③まであります。

　これとは別に解答用紙が１枚あります。

3　問題用紙と解答用紙に受検番号を書きなさい。

4　答えはすべて解答用紙に記入しなさい。

受検番号	第　　　　　　番

1 　小学校6年生の知子さんは，ゴールデンウィークに家族でキャンプに行きました。キャンプ場では，薪を使って火をおこし，バーベキューをしたり，川遊びをしたりして楽しみました。キャンプを終えて，家に帰った数日後，ある新聞に「薪にするための原木をキャンプ場が買い取ります。」という記事を見つけました。知子さんは，日本の木材について興味がわき，日本の林業について自由研究としてレポートにまとめることにしました。次の資料1～4は，知子さんがインターネットや本で調べたものの一部です。次のページは，知子さんが調べた資料を活用して，「日本の林業の現状と課題をふまえた今後について」をテーマにし，まとめたレポートの一部です。

　　あなたが知子さんなら，どのようなレポートを完成させますか。私たちが日本産の木材をどのように活用すればよいか考え，資料1～4の日本の林業の現状と課題をふまえながら，レポート中の　　　　　にあてはまる文章を解答用紙に横書きで書きなさい。

資料1　林業の従事者数および高齢化率の推移

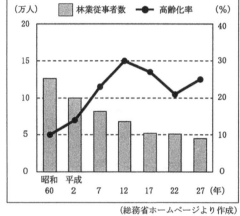

（総務省ホームページより作成）

資料2　木材の日本国内生産量および輸入量の推移

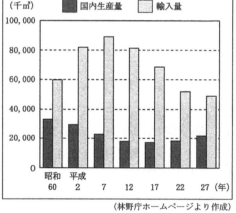

（林野庁ホームページより作成）

資料3　日本産と日本産以外の木材を輸送したときに排出される二酸化炭素の量

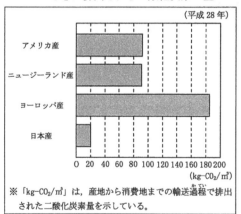

※「kg-CO$_2$/㎥」は，産地から消費地までの輸送過程で排出された二酸化炭素量を示している。

（一般社団法人ウッドマイルズフォーラムホームページより作成）

資料4　森林のさまざまな機能と日本の森林整備

　　我が国の森林は，地球温暖化防止や生物多様性の保全など，さまざまな働きを通じて国民の生活や経済の発展に寄与しています。例えば，樹木の根は土砂や岩石などを抑え，崩れるのを防いでおり，森林によって育まれた土壌は水質の浄化などに役立っています。

　　そうした森林を保全するためには，間伐を行う必要があります。間伐とは，樹木の一部を伐採し，残った木の成長をうながす作業です。間伐を行うと，森林が持つ保水力を高め，洪水などの被害の予防に役立ったり，残った木の成長がうながされ，木材としての価値が高まったりします。

（林野庁ホームページより作成）

適性2—1

日本の林業の現状と課題をふまえた今後について

1　調査のきっかけ

　私は，ゴールデンウィークに家族でキャンプに行きました。その数日後，ある新聞で薪にするための原木をキャンプ場が買い取るという記事を見つけました。原木とは，原料や材料に使う，切り出したままの木のことです。私は，キャンプでバーベキューをしたり，火を囲んで家族と楽しく過ごしたりしたときに使った薪を作っている日本の林業に興味を持ちました。

　また，新型コロナウイルス感染しょうによるえいきょうで，令和２年のはじめは，アメリカにおいて住宅の建築が一時落ちこみましたが，５月から増えていったため，建築用の木材がたくさん必要になり，アメリカ産の木材はん売価格が上しょうしたということをニュースで知りました。そこで，私は，日本に輸入されるアメリカ産の木材が減ると，必要な木材が足りなくなるのではないかと考えました。このことから，日本の林業の現状と課題について調べたいと思いました。

2　日本の林業の現状と課題をふまえた日本産の木材を活用するためのアイデア

　私は，日本の林業についてインターネットや本で調べました。そして，日本の林業についての現状と課題をふまえ，日本産の木材を活用するためのアイデアを次のように考えました。

3　まとめ

　日本の林業には，様々な課題があることが分かりました。一方で，林業が果たすべき役割も多様であることが分かりました。色々と調べていく中で，自分たちが身近にできる取組を考え，実行していく必要があると思いました。

適性2—2

2　武志さんと真美さんは，小学校６年生の体育委員をしています。体育委員会では，各学年で児童の体力の向上を目的に様々な活動を行っています。次の会話は，武志さんと真美さんが４月に１年間の具体的な活動内容について話したものです。

武志「１週間後に体育委員会が開かれるね。そのときに１年間の具体的な活動内容を提案しないといけないよ。」

真美「そうだね。先生から昨年度と２年前を比べた６年生の新体力テストの結果をいただいたから，それをもとに具体的な活動内容を考えてみよう。」

武志「この結果をみると，男子はほとんどの種目で平均値を下回っていることが分かるね。女子は，反復横跳びと20ｍシャトルラン以外は，平均値を上回っているね。」

真美「男子と女子では，結果に大きな差があるから，課題がそれぞれでちがうかもね。昨年度の新体力テストで実施されたアンケートの結果はどうだったのかな。それと比べてみると，具体的な課題がわかるかもしれないね。」

武志「じゃあ，先生から６年生のアンケートの結果を見せてもらおう。そして，課題を整理するといいかもね。」

真美「整理した課題をもとに，これまでの体育委員会の主な活動を参考に，より具体的な提案をすれば，みんなにわかりやすくなると思うよ。」

○昨年度と２年前を比べた６年生の新体力テストの結果

種目	男子	女子
握力	▲	◎
上体起こし	◎	◎
長座体前屈	▲	◎
反復横跳び	▲	▲
20ｍシャトルラン	▲	▲
50ｍ走	▲	◎
立ち幅跳び	▲	◎
ボール投げ	▲	◎

※昨年度の平均値が２年前の平均値よりも上回ったものは「◎」，下回ったものは「▲」で示している。

○体育委員会の主な活動

・第２，４火曜日の８時15分から30分まで行われる各学年での体育朝会の計画，実施
・体力の向上や健康の保持に関する掲示物の作成
・体育器具庫の開け閉め，整理整とん

　次のページの資料１～３は，武志さんが先生から見せてもらった運動やスポーツに関するアンケートの結果をまとめたものです。
　あなたが武志さんや真美さんなら，資料１～３をふまえ，６年生の活動内容としてどのような提案をしますか。提案する原稿を300字以内で解答用紙に横書きで書きなさい。

2022(R4) 広島県立三次中
K教英出版

	考えられる実験の操作の番号	適切ではないと考えた理由	改善した実験の操作
2	操作⑥ ( )		
	操作⑦ ( )		
	操作⑧ ( )		
	操作⑨ ( )		
	操作⑩ ( )		

3	（説明内容）

適性検査2　解答用紙

1

2

100字

200字

300字

受　検　番　号

第　　　　　番

※100点満点
（配点非公表）

得　　　点

3

2	1

↓
書き始め

40字

200字

180字　　90字

→ 書き始め

→ 書き始め

【解答

受検番号　第　　　番

※100点満点
（配点非公表）

適性検査 1　解答用紙

得点

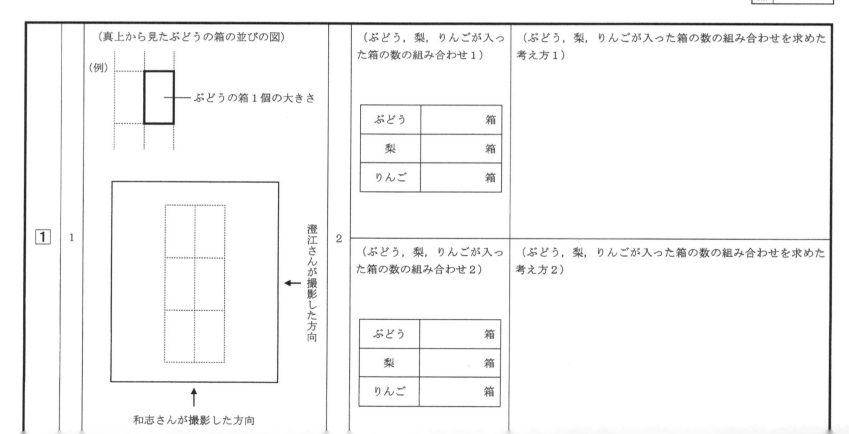

| 1 | 1 | （真上から見たぶどうの箱の並びの図） | | |

（例）　ぶどうの箱１個の大きさ

澄江さんが撮影した方向 ←

↑ 和志さんが撮影した方向

2

（ぶどう，梨，りんごが入った箱の数の組み合わせ１）

ぶどう	箱
梨	箱
りんご	箱

（ぶどう，梨，りんごが入った箱の数の組み合わせを求めた考え方１）

（ぶどう，梨，りんごが入った箱の数の組み合わせ２）

ぶどう	箱
梨	箱
りんご	箱

（ぶどう，梨，りんごが入った箱の数の組み合わせを求めた考え方２）

資料1 「運動（体を動かす遊びをふくむ）やスポーツをすることは好きですか」についての
アンケート結果（6年生）

	好き	やや好き	ややきらい	きらい
男子	70.0%	22.5%	5.0%	2.5%
女子	55.0%	32.5%	10.0%	2.5%

資料2 「運動やスポーツを行って楽しいと感じるとき」についてのアンケート結果
（6年生）

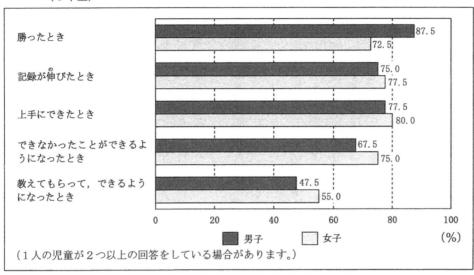

（1人の児童が2つ以上の回答をしている場合があります。）

資料3 「東京オリンピック・パラリンピックが開さいされる前のあなたの気持ち」について
のアンケート結果（6年生）

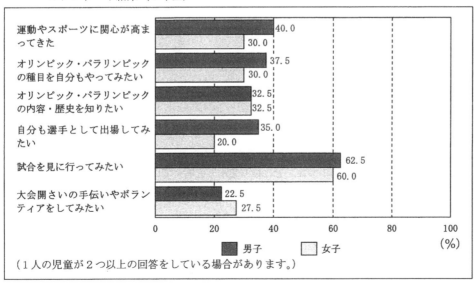

（1人の児童が2つ以上の回答をしている場合があります。）

適性2—4

3 次の文章は，認知心理学などを研究されている今井むつみさんが書いた「学びとは何か―く探究人>になるために」の一部です。これを読んで，あとの１・２に答えなさい。

探究人を育てるには自分が探究人になるしかない。これは親にも、教師にも、子どもに関わるすべての人――つまり社会に生きるすべての人間――に言えることである。本書をまさに脱稿しようとしていた日、日本のラグビーに奇跡をもたらしたと言われる監督エディ・ジョーンズさんのインタビュー記事を読んだ（二〇一六年二月三日付朝日新聞）。①探究人を育てるための真髄が短い記事に凝縮されていた。エディさんは言っている。

私たち人間は、楽な方に進みがちです。変化することは、いつだって難しいもの。だから、日々の生き方、考え方から変えていけたらと思っています。ほんの３～５％の小さな意識の変化。それが、大きな違いを生むのです。

エディさんは、日本人は従順であるように教育されている、とも言う。その日本人選手をエディさんが極限まで追い込んで変えようとしていたこと。それは選手が「自分で考える」意識をつくることだった。

先ほども述べたように、これはそのまま学校教育の目標にもなる。協調学習をしさえすれば主体性が身につくわけではない。やりかたが悪ければ、むしろ他人任せの学びを助長してしまう。自分の現状を的確に分析し、弱いところ、克服するべき課題が自分でわかり、自分でそのための学びを工夫できる。自分の学びを自分で工夫している、超一流の達人に共通したことは自分の学びを自分で工夫していることだ。②そのような自律的な学び手になることこそ、学校教育の目標とするべきだ。そしてそれを支援できるように指導者は自分の学びを深めていかなければならない。

（今井むつみ『学びとは何か――〈探究人〉になるために』岩波新書）

（注）脱稿＝原稿を書き上げること。
　　　協調学習＝学ぶ人がおたがいに協力しながら、共通の目標の達成や課題の解決を目指す学習のこと。

1 ①探究人を育てるための真髄 とはどのようなことですか。40字以内で解答用紙に縦書きで書きなさい。

2 ②そのような自律的な学び手になる とあるが，あなたは「自律的な学び手」になるために，中学校生活で具体的にどのようなことに取り組もうと考えていますか。これまでの自分自身をふり返りながら，次の条件にしたがって解答用紙に縦書きで書きなさい。
（条件）
・中学校生活での具体的な学びの場面を設定して書くこと。
・小学校生活での具体的な学びの場面と関連付けて書くこと。
・200字以内で書くこと。

適性2―5

令和3年度

適 性 検 査 1

（9：35〜10：20）

注　　　意

1　検査開始のチャイムがなるまで開いてはいけません。

2　問題用紙の1ページから6ページに，問題が ① から ④ まであります。

　これとは別に解答用紙が1枚あります。

3　問題用紙と解答用紙に受検番号を書きなさい。

4　答えはすべて解答用紙に記入しなさい。

広島県立三次中学校

受検番号	第　　　　　　番

1　小学校6年生の葉月さんと弟の志郎くんは，家族が喜ぶ食事の献立を立てています。次の会話は，葉月さんと志郎くんが話したものです。

> 葉月「家庭科の宿題で，家族が喜ぶ食事の献立を考えているの。家族の健康を考えた献立を立てたいのだけど，どんな料理をつくろうかしら。」
>
> 志郎「畑からとってきたにんじんとたまねぎがあるけど，にんじんとたまねぎを使った料理をつくるのはどうかな。」
>
> 葉月「いい考えね。以前，お母さんと料理をしたときに，にんじんやたまねぎは，体の調子を整えてくれると言っていたわ。」
>
> 志郎「にんじんとたまねぎは，体にいいんだね。ぼくが，にんじんとたまねぎを使った料理をインターネットで調べてみるよ。そのとき，料理に使う材料とその分量も調べてみるね。」
>
> 葉月「ありがとう。お願いするわ。」
>
> 志郎「ぼくたちは6人家族だけど，4人分の分量を書いたものしか見つからないな。」
>
> 葉月「私が，4人分の分量を6人分の分量に計算し直すわね。」

(志郎くんが調べた料理・料理に使う材料とその分量)

	番号	料理	料理に使う材料とその分量（4人分）	
			にんじん（1本120 g）	たまねぎ（1個150 g）
主食	①	ピラフ	$\frac{3}{4}$本	$\frac{1}{5}$個
	②	まぜごはん	$\frac{1}{2}$本	1個
汁物	③	シチュー	$\frac{2}{3}$本	$\frac{1}{3}$個
	④	スープ	$\frac{2}{5}$本	$\frac{3}{5}$個
おかず	⑤	野菜炒め	1本	$\frac{2}{5}$個
	⑥	サラダ	$\frac{3}{5}$本	$\frac{1}{2}$個

(葉月さんと志郎くんの家にあったにんじんとたまねぎ)

> 1本120 gのにんじんが3本，　1個150 gのたまねぎが3個

　あなたが葉月さんなら，葉月さんと志郎くんの家にあったにんじんとたまねぎを使ってどのような食事の献立を立てますか。志郎くんが調べた①〜⑥の料理の中から主食，汁物，おかずをそれぞれ1つずつ選び，解答用紙にその番号を書きなさい。また，選んだ3つの料理を6人分つくるために必要なにんじんとたまねぎの分量を求めた考え方を，式をふくめて書きなさい。ただし，①〜⑥の料理に使うにんじんとたまねぎ以外の材料は十分あるものとします。

適性1—1

2 美幸さんの中学校では，毎年４月に年間の個人目標を１人１枚ずつ布に書き，全員の布を，教室の掲示板に掲示します。次の会話は，生徒会役員の美幸さんと真一くんが話したものです。

> 美幸「地域の人から，正方形と長方形の２種類の布を，１学級につき，30枚ずつもらったの。今年度は，地域の人からもらった２種類の布に年間の個人目標を書いて，それらの布をすき間なく並べて長方形をつくり，教室の掲示板に掲示するのはどうかしら。」
>
> 真一「おもしろいね。正方形と長方形をすき間なく並べて長方形をつくることができるのかな。ぼくたちの学校は，１学級が40人だから，40枚の布をすき間なく並べて長方形をつくる必要があるね。」
>
> 美幸「そうね。教室の掲示板に，年間の個人目標を書いた布を掲示するために必要な情報をメモにして，そのメモにある条件で掲示することができるか確かめてみましょう。」

美幸さんと真一くんは，各学級で，教室の掲示板に，年間の個人目標を書いた布を掲示するために必要な情報を，次の①〜⑤のようにメモにまとめました。

(美幸さんと真一くんがまとめたメモ)

> ① 教室の掲示板は，縦120cm，横250cmの長方形の形をしている。
>
> ② １辺の長さが20cmの正方形の布Ａと辺の長さが15cmと30cmの長方形の布Ｂが，１学級につき，30枚ずつある。
>
> ③ 布Ａと布Ｂを合わせて40枚選び，それらの布をすき間なく並べて長方形になるように並べて掲示する。
>
> ④ 布が掲示板からはみ出さないように並べる。
>
> ⑤ 布と布が重なったり，布と布の間にすき間ができたりしないように並べる。

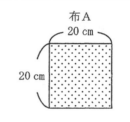

布Ａ
20cm
20cm

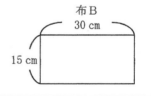

布Ｂ
30cm
15cm

あなたが美幸さんなら，布Ａと布Ｂの２種類の布を何枚ずつ使って，縦と横の長さが，それぞれ何cmの長方形をつくる計画を立てますか。美幸さんと真一くんがまとめたメモの内容をふまえ，布Ａと布Ｂの枚数，長方形の縦と横の長さを，解答用紙の（　）にそれぞれ書きなさい。また，あなたが，美幸さんと真一くんがまとめたメモの内容をふまえてつくる長方形の縦と横の長さを求めた考え方を，式をふくめて書きなさい。

3 小学校6年生の直樹くんは，一昨年のノーベル化学賞の授賞式を見て，電池のしくみに興味を持ち，こども科学館の科学教室に参加しています。次の会話は，そのときに，直樹くんと科学教室の先生が話したものです。

先生「図のように，うすい塩酸の中に金属板
　　Aと金属板Bを浸した装置に，モーター
　　がつないであります。ここで，金属
　　板Aにアルミニウムでできた金属板を
　　使い，金属板Bに銅でできた金属板を
　　使うと，モーターは，どのようになる
　　と思いますか。」
直樹「モーターは，回ると思います。」
先生「その通りです。うすい塩酸のように，
　　電気を通す液体の中に，2種類の金属
　　板を浸した装置は，電池になるんですよ。」
直樹「電気を通す液体の中に2種類の金属板を浸すだけで，電池になるなんて驚きました。では，2種類の金属板の組み合わせを変えると，モーターの回る速さは，どのようになるのですか。」
先生「いい質問ですね。それでは，先生と一緒に，アルミニウム，鉛，銅の3種類の金属板を使って，図の装置の金属板Aと金属板Bの組み合わせを変えたときに，モーターの回る速さがどのようになるのかを調べ，結果を表にまとめてみましょう。」

うすい塩酸と2種類の金属板を使った装置の図

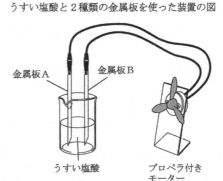

金属板A　　金属板B

うすい塩酸　　プロペラ付き
　　　　　　モーター

（金属板の組み合わせとモーターの回る速さの関係をまとめた表）

	金属板A	金属板B	モーターの回る速さ
実験1	アルミニウム	銅	回った。
実験2	アルミニウム	鉛	実験1よりもゆっくりと回った。
実験3	鉛	銅	実験1～3の中で最もゆっくりと回った。
実験4	鉛	アルミニウム	実験2と同じ速さで回った。
実験5	銅	鉛	実験3と同じ速さで回った。
実験6	銅	アルミニウム	実験1と同じ速さで回った。

適性1―3

次の会話は，直樹くんと科学教室の先生が，金属板の組み合わせとモーターの回る速さの関係をまとめた表を見ながら話したものです。

先生「調べた結果から，何か分かったことがありますか。」
直樹「金属板Aと金属板Bに使う金属板の組み合わせによって，モーターの回る速さが異なることが分かりました。また，実験1と実験6のように，金属板Aに使う金属板と金属板Bに使う金属板を入れかえてもモーターが同じ速さで回ることが分かりました。」
先生「そうですね。もっと深く考えるために，亜鉛，アルミニウム，ニッケル，鉛，銅の順に番号の書かれた5種類の金属板を1枚ずつ，机の上に並べています。この中から異なる2種類の金属板を用いて実験をしてみますが，それぞれの金属板に書いてある番号の数の差と，モーターの回る速さの間にはきまりがあるんですよ。どのようなきまりがあると考えますか。」
直樹「[　　　　　　　　　　　　　　　　　　]というきまりがあると考えます。」
先生「なるほど。直樹くんが考えたきまりが正しいことを確かめるためには，金属板Aと金属板Bにどの金属板を使って，モーターの回る速さを調べればよいと思いますか。」

（先生が机の上に並べた5種類の金属板）

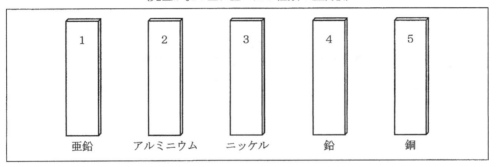

　あなたが直樹くんなら，金属板Aと金属板Bに使う金属板に書いてある番号の数の差と，モーターの回る速さの間に，どのようなきまりがあると考えますか。上の会話文中の[　　　　　　　]に入る文を書きなさい。また，そのきまりがあると考えた理由を書きなさい。
　さらに，あなたが直樹くんなら，自分の考えたきまりが正しいことを確かめるために1回だけ実験を行うとすると，うすい塩酸と2種類の金属板を使った装置の金属板Aと金属板Bにどの金属板を使って，モーターの回る速さを調べますか。解答用紙に，亜鉛，アルミニウム，ニッケル，鉛，銅の中から選ぶ2種類の金属板をそれぞれ書きなさい。そして，その実験結果の予想を，金属板の組み合わせとモーターの回る速さの関係をまとめた表にある実験1のモーターの回る速さと比べて書きなさい。

4 敏雄くんと巴恵さんは，総合的な学習の時間で，観光客を対象にした観光マップをつくり，市役所の職員の人に提案することになりました。そこで，敏雄くんと巴恵さんは，自分たちの住む町の地図を見ながら，休日に自分たちの住む町にある施設を見学する計画を立てています。次の会話は，そのときの２人が話したものです。

> 敏雄「町には，主に６つの施設があるから，どの施設から見学していくか迷ってしまうね。」
> 巴恵「できるだけたくさんの施設を見学して，それぞれの施設のいいところを知りたいわ。」
> 敏雄「そうだね。学校で先生から調べ学習を行うときの条件が書かれたメモと循環バスの時刻表を預かっているよ。さっそく，これらをもとに，施設を見学するルートを考えよう。」

(敏雄くんと巴恵さんが住む町の地図)

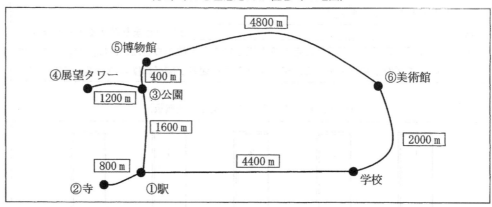

(調べ学習を行うときの条件が書かれたメモ)

○ 調べ学習中は，２人で一緒に行動すること。
○ 10時に学校を出発し，15時までに学校に戻ってくること。
○ 地図中の①〜⑥の施設の中から，４つの施設を見学すること。
○ 各施設での見学時間は，入退場をふくめて30分間とすること。
○ 展望タワーと公園を，必ず見学すること。
○ 公園では，見学時間を別にして12時から13時30分までの間に，昼食休憩を45分間とること。
○ 施設から施設への移動は，徒歩，または循環バスを利用すること。
○ 徒歩で移動する場合は，分速80ｍとして時間を計算すること。
○ 循環バスで移動する場合は，循環バスの時刻表をもとに時間を計算すること。ただし，バスの乗り，降りにかかる時間は考えなくてもよい。
○ 循環バスの料金は１回乗車するごとに１人あたり100円かかる。交通費は１人あたり300円以内とすること。
○ 駅に戻ったバスは，駅で５分間停車するが，バスを降りなければ，１回の乗車に必要な料金で循環バスに乗り続けることができる。

適性1—5

記号 施設	A	B	C	D	E	F	G	H	I	J
駅	9：46	10：24	11：02	11：40	12：18	12：56	13：34	14：12	14：50	15：28
公園	9：50	10：28	11：06	11：44	12：22	13：00	13：38	14：16	14：54	15：32
博物館	9：51	10：29	11：07	11：45	12：23	13：01	13：39	14：17	14：55	15：33
美術館	10：03	10：41	11：19	11：57	12：35	13：13	13：51	14：29	15：07	15：45
学校	10：08	10：46	11：24	12：02	12：40	13：18	13：56	14：34	15：12	15：50
駅	10：19	10：57	11：35	12：13	12：51	13：29	14：07	14：45	15：23	16：01

　　あなたが敏雄くんや巴恵さんなら，町にある施設を見学するために，どのような計画を立てますか。その計画のうち，見学する施設について，敏雄くんと巴恵さんが住む町の地図に示してある①〜⑥の番号の中から選び，その番号を解答用紙の（　　　）に書きなさい。

　　また，施設から施設への移動に循環バスを利用する場合，利用する循環バスについて，循環バスの時刻表の一部に示してあるA〜Jの記号の中から選び，その記号を解答用紙の【　　　】に書きなさい。

　　さらに，昼食休憩の開始時刻と終了時刻を〔　　　〕に書きなさい。

K 教英出版

適 性 検 査 2

（11：00～11：45）

注　　意

1　検査開始のチャイムがなるまで開いてはいけません。

2　問題用紙の1ページから4ページに，問題が❶から❸まであります。

　これとは別に解答用紙が1枚あります。

3　問題用紙と解答用紙に受検番号を書きなさい。

4　答えはすべて解答用紙に記入しなさい。

受検番号	第	番

1　小学校 6 年生の詩織さんは，テレビ番組で日本における救急車の有料化に関する専門家の話し合いを見て，小学校の社会科で学習した「私たちのくらしを守る地域社会のはたらき」を思い出しました。詩織さんは，生活していく上で救急車による救急はん送のシステムを確保することは，特に大切だと考えました。そこで，救急車による救急はん送のシステムを調べることで，地域社会のあり方について自分なりの考えをまとめ，夏休みの自由研究としてレポートにまとめることにしました。

次の資料 1 ～ 4 は，詩織さんが見つけた資料です。次のページは，詩織さんが見つけた資料を活用して，「私たちの命を守る地域社会のあり方」をテーマにし，まとめたレポートの一部です。

あなたが詩織さんなら，どのようなレポートを完成させますか。資料 1 ～ 4 を活用し，レポート中の ☐ に入る文章を書きなさい。

資料 1　119 番通報のしくみ

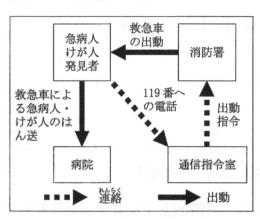

資料 2　救急車による救急出動件数と現場到着までの時間の推移

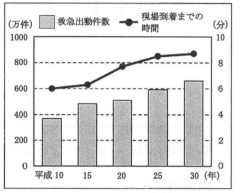

資料 3　救急はん送された人の年齢別割合の推移

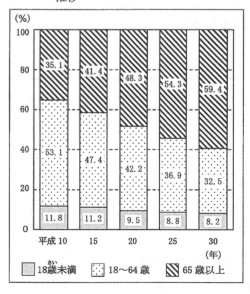

資料 4　日本の年齢別人口割合の推移

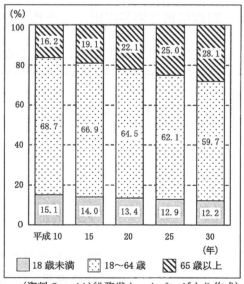

（資料 2 ～ 4 は総務省ホームページより作成）

適性 2 ― 1

私たちの命を守る地域社会のあり方

1　調査のきっかけ

　私は，あるテレビ番組で専門家どうしが現在無料である救急車について，「救急車を有料化するべきか」という話し合いを行っている様子を見ました。それを見て，小学校の社会科で学習した「私たちのくらしを守る地域社会のはたらき」で，地域社会は，私たちが安心して生活できるようにさまざまなはたらきがあるということを思い出しました。

2　救急車と地域社会のあり方

　日本に初めて救急車が登場したのは，昭和8（1933）年のことです。これ以降，「119番」をかけると，救急車がすぐに現場にかけつけ，けが人や急病人を病院まで運んでくれるようになりました。このように，現在，救急車は「人の命を救う車両」という責任を果たしています。

　私は，救急車の現状についてインターネットや本で調べました。すると，集めた資料から救急車をめぐる現状と課題がわかりました。そして，これからの地域社会のあり方について，次のように考えました。

3　まとめ

　救急車は，私たちの命を守り，地域社会を持続的に発展させるために重要なはたらきをになっており，私たち地域住民も一緒になって救急車による救急はん送システムの役割を果たせるように考えていくことが重要であるとわかりました。

2 里志くんは，学校が臨時休業の期間に，インターネットを活用した学習が進んでいる新聞記事を見ました。インターネットを活用した学習に興味を持った里志くんは，夏休みの宿題である作文のテーマを「インターネットを利用した私たちの学び方」にすることに決めました。

里志くんは，作文を書くための材料が必要だと考え，インターネットの利用に関するさまざまな調査を調べ，次の資料１～３のようにまとめました。

あなたが里志くんなら，資料１～３を活用し，どのような作文を完成させますか。300字以内で書きなさい。

資料１　青少年のインターネットの利用率（学校を除く）（平成31・令和元年）

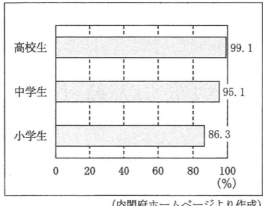

（内閣府ホームページより作成）

資料２　インターネットの利用時間（学校を除く）（平成31・令和元年）

	高校生	中学生	小学生
１時間未満	2.6%	9.2%	21.8%
１時間以上２時間未満	10.0%	20.1%	27.7%
２時間以上３時間未満	20.0%	23.7%	19.6%
３時間以上４時間未満	20.6%	18.5%	13.9%
４時間以上５時間未満	14.2%	10.4%	7.1%
５時間以上	31.5%	16.9%	8.3%
わからない	1.2%	1.2%	1.7%

（内閣府ホームページより作成）

資料３　日本と外国の中学生を対象に行った生徒の学校・学校外におけるインターネット利用に関する調査

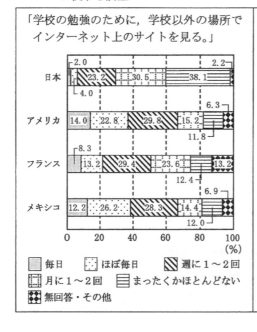

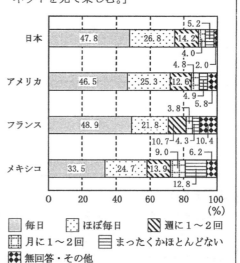

（国立教育政策研究所ホームページより作成）

<table>
<tr><td rowspan="4">3</td><td colspan="2">（　　　　　　　　　　　に入る文）</td><td colspan="2">（自分の考えたきまりが正しいことを確かめるための実験）</td></tr>
</table>

3	

（　　　　　　　　　　　に入る文）

（そのきまりがあると考えた理由）

（自分の考えたきまりが正しいことを確かめるための実験）

金属板Aと金属板Bに使う金属板	
金属板A	金属板B

実験結果の予想

（施設を見学するための計画）

施設 （見学する施設の番号）	学校 →	1か所目 （　　　） →	2か所目 （　　　） →	3か所目 （　　　） →	4か所目 （　　　） →	学校
移動 【利用するバスの記号】		学校から1か所目への移動 【　　　】	1か所目から2か所目への移動 【　　　】	2か所目から3か所目への移動 【　　　】	3か所目から4か所目への移動 【　　　】	4か所目から学校への移動 【　　　】
昼食休憩 ［時刻］		開始時刻　　　　　　終了時刻 ［　　　　］ 〜 ［　　　　］					

1

適性検査2　解答用紙

※100点満点
（配点非公表）

得　　　点

③

2	1

40字

180字　　　90字

②

300字　　　150字

【解答

受検番号　第　　　　番

適性検査 1　解答用紙

※100点満点
（配点非公表）

得
点

1

（選んだ料理の番号）

主食	
汁物	
おかず	

（選んだ3つの料理を6人分つくるために必要なにんじんとたまねぎの分量を求めた考え方）

2

（布Aと布Bの枚数）

布Aの枚数（　　　　　）枚，布Bの枚数（　　　　　）枚

（長方形の縦と横の長さ）

縦の長さ（　　　　　）cm，横の長さ（　　　　　）cm

（美幸さんと真一くんがまとめたメモの内容をふまえてつくる長方形の縦と横の長さを求めた考え方）

3 次の文章は，哲学者の河野哲也さんが書いた「『こども哲学』で対話力と思考力を育てる」の一部です。これを読んで，あとの１・２に答えなさい。

私たちは互いに異なるがゆえに、戸惑い、ときに対立しあうことがあります。それでも、私たちは多様な人びととともに、共同の社会を形成していかなければなりません。ひとつの社会のなかで同じ資源を利用し、いろいろな活動に協同して取りかからねばなりません。自分が他の人とともに社会の一員であるのだと感じられなければ、心理的に疎外感が生じて、その社会に貢献しようという気持ちが起きないでしょう。

現代では、権威の根拠は、人びとが合意した（あるいは約束した）という事実以外に求められません。そして、人びとが合意するためには、納得できる合理的な根拠が必要ですし、その根拠は人びととの議論によって検証されなければなりません。さらに、自分の存在と発言、貢献が社会で認知され、自分がその社会の欠かせない一員なのだと実感できる必要があります。自分も社会の合意形成に参加したのだといった意識がなければ、どのような合意も守る気にならないでしょう。

現代で求められているコミュニケーション能力とは、伝統的な権威関係が通用しない社会においても人びとを結集させることのできる人間交流の力です。国際化した企業では、従来からの日本の慣習だからただ従えと言っても誰もついてきませんし、上司からの命令だと権力をちらつかせれば人は離れていきます。なぜこうするのか、どうすればよいのか、について従業員の間で合意を形成する以外にないのです。そして、議論に参加してもらうことによって、従業員に企業への参加意識を持ってもらうのでない限り、組織をまとめることなどできません。

人びとと議論して何かを検討していく能力、創造的に問題を解決していく能力、そして、誰もが自分は社会の一員だと感じられるような人間関係を作り出す能力が、現代社会で「必要とされるコミュニケーション能力」と呼ばれているものなのではないでしょうか。

1 ①伝統的な権威関係が通用しない社会においても人びとを結集させることのできる人間交流の力 とあるが，筆者は，このような力が求められるのは現代がどのような社会だからだと説明していますか。40字以内で書きなさい。

2 ②誰もが自分は社会の一員だと感じられるような人間関係を作り出す能力 と筆者が書いていることをふまえて，あなたは学校生活において，このような人間関係をどのようにして作り出しますか。小学校あるいは中学校生活の一場面を設定し，その中であなたが今後取り組もうとする工夫とその効果について，180字以内で具体的に書きなさい。

令和2年度

適 性 検 査 1
（9：35〜10：20）

注　　　意

1　検査開始のチャイムがなるまで開いてはいけません。

2　問題用紙の1ページから6ページに，問題が1から4まであります。

　これとは別に解答用紙が1枚あります。

3　問題用紙と解答用紙に受検番号を書きなさい。

4　答えはすべて解答用紙に記入しなさい。

広島県立三次中学校

受検番号	第	番

1 鉄也くんの中学校では，図書室の本を新たに購入することになりました。クラスごとに購入してほしい本の希望調査を行い，次のように，図書委員会で本の購入希望を表にまとめ，本を購入するためのルールを決めました。

　　図書委員長の鉄也くんは，本の購入希望をまとめた表と，本を購入するためのルールをもとにして，どの本を購入するかを考え，先生に提案することにしました。

　　あなたが鉄也くんなら，どの本を購入するよう提案しますか。解答用紙に，提案する本の番号を全て書きなさい。また，提案する本を全て購入するために必要な金額を書きなさい。さらに，金額をそのように決めた考え方を，式をふくめて書きなさい。

(図書委員会で本の購入希望をまとめた表)

本の番号	分類	本の名前	本体価格(消費税別)
①	哲学	中学生に伝えたい	1,500 円
②	哲学	宇宙について考える	3,400 円
③	歴史	江戸時代のくらし	3,200 円
④	歴史	絵で見る歴史	4,300 円
⑤	歴史	米と人との歴史	5,400 円
⑥	社会	面白い法律入門	1,400 円
⑦	社会	世界の経済	3,300 円
⑧	自然科学	とても面白い数学	1,200 円
⑨	自然科学	自然科学事典	5,800 円
⑩	工業	はたらく機械	2,000 円
⑪	工業	ビジュアル世界の建物	3,800 円
⑫	芸術・スポーツ	とても楽しい書道	1,300 円
⑬	芸術・スポーツ	クラシック音楽	3,600 円
⑭	文学	三次のきりと朝	1,600 円
⑮	文学	広島の物語	3,700 円

(図書委員会で決めた本を購入するためのルール)

○　消費税は，本体価格の 10% である。購入する本の本体価格と消費税を合わせた金額が 10,000 円以下になるようにする。
○　1 つの分類から 2 冊以上の本を購入しない。また，同じ本を複数購入しない。
○　現在，図書室に「工業」の分類の本が少ないので，この分類から必ず 1 冊購入する。
○　全部で本を 5 冊以上購入する。

適性1―1

2 雄志くんが通う小学校では，記念碑の近くにある花だんに，6年生が毎年，花を植える活動を行っています。児童会役員で6年生の雄志くんと結衣さんは，花だんに黄色のマリーゴールドと赤色のサルビアの2種類の花をどのように植えるかについて話し合っています。次の会話は，雄志くんと結衣さんが話したものです。

雄志「今年も記念碑の近くにある花だんに花を植える活動を行うよね。今年は，2種類の花を植える面積を，等しくするのはどうかな。」

結衣「記念碑の東と西にある2つの花だんは面積がことなる長方形で，レンガでそれぞれ4つ，合計8つの三角形に分けられていたわよね。これらの三角形に①から

結衣さんがかいた記念碑の近くにある花だんの図

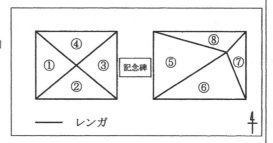

⑧の番号をつけて花だんの図をかくと，こうなるでしょ。レンガの厚さを面積に入れないで考えるよ。西の長方形は，2本の対角線で4つの三角形に分けられているよね。①から④の三角形のうち2つを選んで，それぞれマリーゴールドとサルビアを植えると，2種類の花を植える面積は等しくなるよね。でも，東の長方形は，三角形の形や大きさが全てちがうのに，2種類の花を植える面積を等しくするなんてできるのかしら。」

雄志「できるよ。東の長方形の⑤と⑦を合わせた面積は⑥と⑧を合わせた面積に等しくなるよ。」

結衣「どうして面積が等しくなるのかな。」

雄志「まず，東の長方形に点線と，AからGの記号をかき加えるよ。点線と記号をかき加えた花だんの図を使って説明するね。」

（雄志くんが点線と記号をかき加えた花だんの図）

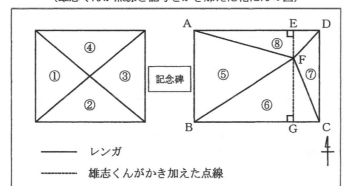

あなたが雄志くんなら，結衣さんに，⑤と⑦を合わせた面積が⑥と⑧を合わせた面積に等しいことを，どのように説明しますか。その説明の内容を図にある記号や番号などを使って書きなさい。なお，必要があれば，解答用紙の図に線や記号などをかき加えてもかまいません。

適性1—2

3 小学校６年生の美樹さんと兄の誠二くんは，２人で弟の誕生日ケーキをつくるために，冷蔵庫にあるにわとりの卵を使おうとしています。次の会話は，美樹さんと誠二くんが話したものです。

> 美樹「冷蔵庫にある卵を出してくれるかしら。今朝，お母さんが知り合いの農家から産みたての新しい卵を６個もらってきたって言っていたわ。」
> 誠二「冷蔵庫には，卵が７個並べてあるよ。そのうちの１個は，２週間くらい前に買った古い卵だけど，見た目では見分けがつかないね。大切なケーキだから古い卵より，新しい卵を使いたいね。」
> 美樹「見た目では見分けがつかないのに，どうやって新しい卵と古い卵を見分けたらいいのかしら。」
> 誠二「ぼくが６年生のときに，自由研究で新しい卵と古い卵の浮きやすさのちがいについて，食塩水を使って調べたよ。そのときのレポートを活用して，冷蔵庫にある卵から，古い卵を見分ける実験の計画を立てたらどうだい。」
> 美樹「わかった。やってみるわね。」

（誠二くんが行った自由研究のレポートの一部）

> （方法と結果）
> 　100mL の水に 35g の食塩をとかし，食塩水をつくりました。この食塩水には，食塩はこれ以上ほとんどとけません。この食塩水のうち 100mL を用いて，いろいろな体積の比で水を混ぜたものに，産みたてのにわとりの卵（新しい卵）と産んでから２週間経過したにわとりの卵（古い卵）を入れて，卵が浮いたり，沈んだりする様子を記録しました。次の表は，その結果をまとめたものです。

【食塩水と水の体積の比と卵が浮いたり，沈んだりする様子】

食塩水：水	新しい卵	古い卵
1：1.7	浮いた	浮いた
1：1.9	沈んだ	浮いた
1：2.1	沈んだ	沈んだ

　美樹さんは，次の台所にあるものを使って，冷蔵庫にある７個の卵の中から古い卵を見分けるために，必要な情報をメモにまとめました。

適性１—３

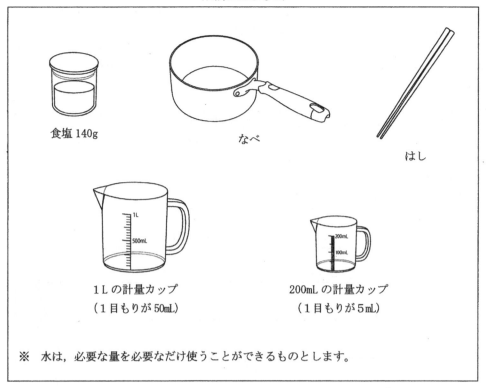

※ 水は，必要な量を必要なだけ使うことができるものとします。

（美樹さんがまとめたメモ）

> このなべに，同時に7個の卵を入れたとき，卵が浮いたり沈んだりする様子を観察する
> には，1L以上の水や食塩水を入れる必要がある。また，このなべには，水や食塩水を
> 2Lまで入れることができる。

　あなたが美樹さんなら，台所にあるものを使って，冷蔵庫にある7個の卵の中から古い卵を
見分けるため，どのような実験の計画を立てますか。誠二くんが行った自由研究のレポートの
内容と美樹さんがまとめたメモを活用して，実験結果の予想もふくめた実験の計画を書きなさ
い。

4 健太くんと由紀さんの小学校では，創立 120 周年記念として，校舎の模型を作製し，展示することにしました。校舎の模型は，1 枚の工作用紙にかいた展開図を切ったり，折り曲げたりすることで作製します。なお，のりしろはつけません。

　健太くんと由紀さんは，担当する役割について話し合い，由紀さんが校舎の見取図をかき，健太くんは，その見取図をもとに，展開図をかくことにしました。次の会話は，健太くんと由紀さんが話したものです。

健太「由紀さんがかいた校舎の見取図をもとに，展開図をかいてみたよ。」
由紀「見取図には，面の数が 14 あるけど，この展開図を組み立てると面の数が 8 しかないよ。展開図には，面があと 6 必要だと思うわ。」
健太「どこに面をかき加えたらいいのかな。」
由紀「一緒に展開図を見直して，面をかき加えてみよう。」

（由紀さんがかいた校舎の見取図）

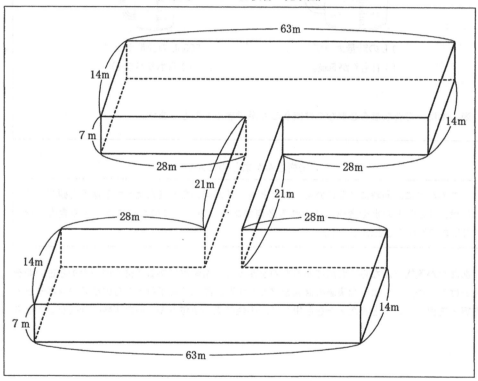

（由紀さんがかいた校舎の見取図をもとに，健太くんがかいた校舎の展開図）

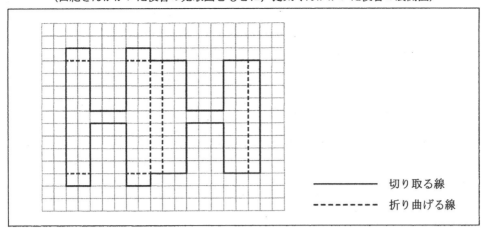

———————	切り取る線
- - - - - - - - -	折り曲げる線

　あなたなら，健太くんがかいた校舎の展開図のどこに面をかき加えますか。由紀さんがかい
た校舎の見取図をもとに，解答用紙の展開図に必要な面を6かき加えなさい。ただし，加えた
面がわかるように，加えた面を塗りつぶしなさい。

適 性 検 査 2

（11：00～11：45）

受検番号	第　　　　　番

1　広島県の海ぞいの地域に住んでいる和也くんは，広島県の中国山地に近い地域に住んでいる祖父の家へ行きました。その際，秋祭りが行われており，サメの刺身が食べられていました。祖父にサメの刺身を食べる理由について聞くと，交通が発達していない時代，祖父が住む地域では，海でとれる魚の刺身がサメしかなかったことを教えてくれました。しかし，現在は，さまざまな地域の魚の刺身をスーパーマーケットで見かけます。そこで，和也くんは，昔と現在の日本の物流（生産されたものが人々に届くまでのこと）にちがいがあることに気づき，祖父の家から自宅へもどったあと，日本の物流の歴史について調べ，自由研究としてレポートにまとめることにしました。次の資料1〜4は，和也くんがインターネットや本で調べたものの一部です。次のページは，和也くんが見つけた資料を活用して，「日本の物流の歴史と各時代の交通路や交通手段の関係」をテーマにし，まとめたレポートの一部です。

　あなたが和也くんなら，どのようなレポートを完成させますか。日本の歴史の流れをふまえ，資料1〜4を活用し，レポート中の□□□□にあてはまる文章を書きなさい。

資料1　奈良時代に諸国から平城京へ税が運ばれるために必要な日数

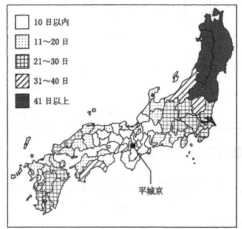

- 10日以内
- 11〜20日
- 21〜30日
- 31〜40日
- 41日以上

平城京

資料2　江戸時代中期までに整備された交通路

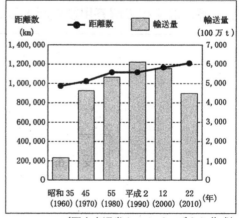

- 幕府が整備した道
- 幕府が整備した道以外の主な道
- 主な航路

京都
大阪
江戸

資料3　明治時代に国が建設した鉄道の距離数と鉄道による貨物の輸送量の変化

距離数（km）　●距離数　輸送量　輸送量（千t）

| | 明治10 (1877) | 15 (1882) | 20 (1887) | 25 (1892) | 30 (1897) (年) |

（国土交通省ホームページより作成）

資料4　道路の距離数と自動車による貨物の輸送量の年代別変化

距離数（km）　●距離数　輸送量　輸送量（100万t）

| | 昭和35 (1960) | 45 (1970) | 55 (1980) | 平成2 (1990) | 12 (2000) | 22 (2010) (年) |

（国土交通省ホームページより作成）

適性2−1

日本の物流の歴史と各時代の交通路や交通手段の関係

1　調査のきっかけ

　私の祖父は，広島県の中国山地に近い地域に住んでいます。ここでは，昔から秋祭りでサメの刺身が食べられています。サメの刺身を食べる理由を聞くと，「サメは，とれてから時間がたつと強いにおいを持った物質が作られ，保存性が増すんだよ。他の魚は，新せんなままここまで運べなかったんだ。だから，昔は，この地域にくらす人々にとって刺身は，サメしかなく，大変なごちそうだったんだよ。」と教えてくれました。

　しかし，現在祖父の住む地域でも，スーパーマーケットでは，たくさんの種類の魚の刺身を見かけます。以上のことから，日本の物流がどのように発展したのか興味を持ちました。

2　物流と交通路・交通手段との関係

　私は，日本の物流の歴史についてインターネットや本で調べました。すると，各時代の物流の様子は，交通路の整備や交通手段の発達が関係しており，次のようなことがわかりました。

3　まとめ

　小学校で学習した日本の歴史と関連づけて考えると，日本の物流は，各時代の交通路や交通手段とともに変化していることがわかりました。これからも，私たちの生活と関連づけて，さまざまなことを学んでいきたいです。

2 日本の高等学校に留学する予定の外国人留学生が６年生の知子さんの学級に来ることになりました。下の表は，知子さんの学級に来る外国人留学生に関する情報です。

この外国人留学生に日本の文化を知ってもらったり，日本での生活を楽しんでもらったりするため，総合的な学習の時間に交流会を計画し，各教室で行うことになっています。知子さんの学級では，それぞれの班が，この交流会の内容を企画し，提案することになりました。

そこで，知子さんは，学年のはじめに調査した６年生対象のアンケート結果を次のページの資料１のようにまとめました。また，次のページの資料２は，インターネットで調べた日本に来た外国人留学生に関する調査結果です。

あなたが知子さんなら，資料１・２をふまえ，どのような提案をしますか。提案する原稿を300字以内で書きなさい。

知子さんの学級に来る外国人留学生に関する情報

○　外国人留学生４名の出身地と年齢

外国人留学生	A	B	C	D
出身地	アメリカ	タイ	ドイツ	フィンランド
年齢	16歳	17歳	18歳	17歳

※　この４名は，来日７日目に来校する。
※　この４名は，全員英語を話したり，聞き取ったりすることができる。

○　知子さんの学級との交流のスケジュール（一部）

	児童の動き		外国人留学生の動き
10：45～11：30	授業	10：45～11：30	授業参加
11：30～11：35	休憩・交流会準備	11：30～11：35	休憩
11：35～12：20	交流会	11：35～12：20	交流会
12：20～13：00	給食	12：20～13：00	知子さんの学級で給食

※　外国人留学生が小学校に到着する予定の時こくは10時で，小学校を出発する予定の時こくは13時30分である。

3

（実験結果の予想もふくめた実験の計画）

4

（由紀さんがかいた校舎の見取図をもとに，健太くんがかいた校舎の展開図）

———————— 切り取る線

------------ 折り曲げる線

1

適性検査2　解答用紙

受　検　番　号

第　　　　番

※100点満点
（配点非公表）

得　　点

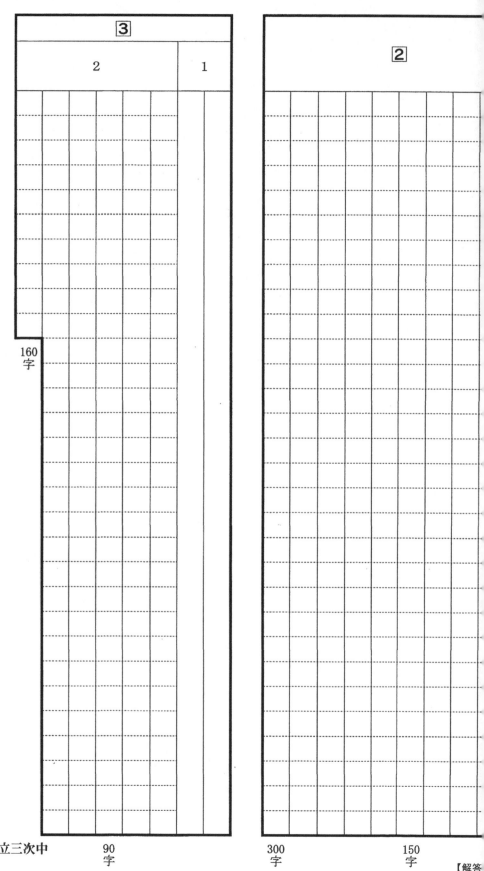

受検番号 第　　　番

適性検査 1　解答用紙

※100点満点
（配点非公表）

得点

1

（提案する本の番号）

（提案する本を全て購入するために必要な金額）

（　　　　　　　　　）円

（金額をそのように決めた考え方）

2

（⑤と⑦を合わせた面積が⑥と⑧を合わせた面積に等しいことの説明）

（雄志くんが点線と記号をかき加えた花だんの図）

記念碑

① ② ③ ④

A E D
B G C
⑤ ⑥ ⑦ ⑧ F

―― レンガ

【解答

資料1　学年のはじめに調査した6年生対象のアンケート結果

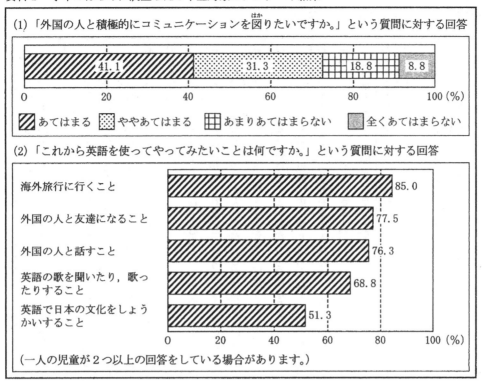

(1)「外国の人と積極的にコミュニケーションを図りたいですか。」という質問に対する回答

| 41.1 | 31.3 | 18.8 | 8.8 |

0　　　20　　　40　　　60　　　80　　　100（%）

■ あてはまる　　□ ややあてはまる　　■ あまりあてはまらない　　■ 全くあてはまらない

(2)「これから英語を使ってやってみたいことは何ですか。」という質問に対する回答

海外旅行に行くこと	85.0
外国の人と友達になること	77.5
外国の人と話すこと	76.3
英語の歌を聞いたり，歌ったりすること	68.8
英語で日本の文化をしょうかいすること	51.3

0　　　20　　　40　　　60　　　80　　　100（%）

（一人の児童が2つ以上の回答をしている場合があります。）

資料2　日本に来た外国人留学生に関する調査結果（平成31年1月）

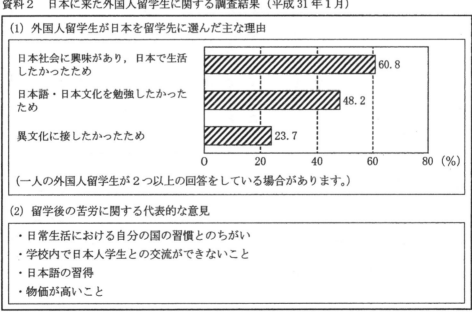

(1) 外国人留学生が日本を留学先に選んだ主な理由

日本社会に興味があり，日本で生活したかったため	60.8
日本語・日本文化を勉強したかったため	48.2
異文化に接したかったため	23.7

0　　　20　　　40　　　60　　　80（%）

（一人の外国人留学生が2つ以上の回答をしている場合があります。）

(2) 留学後の苦労に関する代表的な意見

・日常生活における自分の国の習慣とのちがい
・学校内で日本人学生との交流ができないこと
・日本語の習得
・物価が高いこと

（独立行政法人　日本学生支援機構ホームページをもとに作成）

適性2―4

③ 次の文章は、教育学者の汐見稔幸さんが書いた「人生を豊かにする学び方」の一部です。これを読んで、あとの1・2に答えなさい。

僕は、学ぶ目的のひとつは、「どうしたら自由になれるか」ということではないかと思っています。

「幸せになるため」という回答も悪くはないけれど、漠然としすぎているような気がします。

①少しでも自由になるために学ぶ」というほうが、たぶん理解しやすいでしょう。

たとえば、この山を越えたところには、別の村があって、そこでは、いろいろな果物が豊かに実っているらしい。そういう話を伝え聞いても、昔は山に道がなかったので、そこへ行くことができませんでした。

「この二〇〇〇メートルを超える山を、どうやって越えていけばいいのか」「途中で迷ったら、戻って来られないかもしれない」。そう考えて行動に移せない時代が長かったのです。

でも、長い歴史の中で、先人たちが少しずつ先鞭を付け、山を越える道を見つけていきます。そして、ある道を歩いていったら、獣の通り道をたどって、新たな道を見つけたりもします。

人々はいままで狭い世界の中に閉じ込められていたけれども、その道を知ったことによって、確実に向こうの村に行けることがわかるようになります。さらに、目的に応じて、いろんなところにも出かけられるようになっていきます。

新天地での生活を営む可能性を手に入れたのです。

これはつまり、人間が「自由になる」ということです。何も知らなければ、今の生活の枠②から一歩も外に出られないけれど、いろいろな知識を手に入れるにつれて、行動範囲が広がっていきます。

（汐見稔幸『人生を豊かにする学び方』ちくまプリマー新書）

（注）漠然＝まとまりがなく、ぼんやりとしている様子。

先鞭＝他の人より先に、ものごとをはじめること。

1 ①少しでも自由になるために学ぶ とあるが、筆者はこのことをどのような例をあげて説明していますか。書きなさい。

2 ②何も知らなければ、今の生活の枠から一歩も外に出られないけれど、いろいろな知識を手に入れるにつれて、行動範囲が広がっていきます と筆者が書いていることをふまえて、あなたは、何を学び、どのような中学校生活を送りたいと考えていますか。小学校時代の自分の生活にもふれて、160字以内で書きなさい。

適性2－5

平成 31 年度

適 性 検 査 1
(9：35～10：20)

広島県立三次中学校

受検番号	第　　　　　番

6年生の里菜さんと利彦くんの住んでいる町では，小学生が毎月，道路に沿って町内をそうじする「マイロード清掃活動」という活動を行っています。この活動は，町内にある8つの地域の班のリーダーが計画し，参加する小学生を募集して，地域の班ごとに担当するコースをそうじするものです。次の会話は，そのリーダーである里菜さんと利彦くんが話したものです。

里菜「今月のマイロード清掃活動について計画を立てよう。先月の反省を生かしたいから，何か意見を言ってくれるかな。」

利彦「ここ数か月，マイロード清掃活動に参加する人数が増えてきたね。今月も先月と同じように多いみたいだよ。これまで2つの清掃活動コースで活動していたけれど，今月からコースをもう1つ増やすのはどうかな。」

里菜「いいわね。何かいい考えはあるのかな。」

利彦「せせらぎ公園をスタートして，これまでのAコース，Bコースに加えてCコースを増やして，3つのコースに分かれて清掃活動ができるよう考えてみたよ。」

里菜「ありがとう。それぞれのコースが同じ人数になるように，地域の班を分担すればいいね。」

利彦「ちょっと待って。3つのコースの距離と，地域の班ごとの今月参加する人数をメモにしてみたよ。それぞれのコースの距離が違うから，距離が短いコースは人数を少なく，距離が長いコースは人数を多くするのはどうかな。」

里菜「では，3つのコースの距離の比とそれぞれのコースを担当する人数の比が同じになるように，地域の班の分担を考えましょう。」

(利彦くんが用意したメモ)

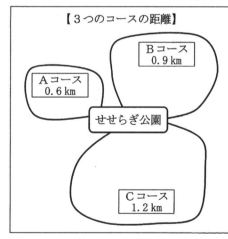

【3つのコースの距離】	【地域の班ごとの参加する人数（今月）】	
	地域の班	参加する人数
	一班	14人
	二班	8人
	三班	10人
	四班	9人
	五班	4人
	六班	5人
	七班	7人
	八班	15人

里菜さんは，利彦くんが用意したメモをもとに，清掃活動の分担表を作ることにしました。あなたが里菜さんなら，どのような分担表を作りますか。解答用紙の分担表に，それぞれのコースを担当する地域の班名を書き入れなさい。また，そのように決めた考え方を書きなさい。ただし，同じ地域の班の人は，全員同じコースを担当することとします。

適性1―1

2 6年生の俊介くんと恵理さんは，ある中学校の文化祭で科学部の実験教室に参加しました。2人は，科学部の生徒が用意したプリントをもとに，4本の試験管に別々に入った水，石灰水，食塩水，うすい塩酸を見分ける実験の計画を考えることになりました。次の会話は，そのときに俊介くんと恵理さんが話したものです。

> 俊介「水，石灰水，食塩水，うすい塩酸は，どれも色がなく，とう明で，見ただけではわかりそうにないな。どんな方法で見分ければいいかな。」
> 恵理「このプリントに書いてある道具は使ってもいいのよね。1回の実験で4本の試験管に何が入っているのかを見分けるのは難しいわね。」
> 俊介「そうだね。何回かに分けて実験する計画を立てよう。」
> 恵理「私，石灰水を見分けるいい方法を思いついたわ。最初に，4本の試験管それぞれに口からストローを使って息をふきこむのよ。白くにごったものが石灰水だとわかるわ。」
> 俊介「恵理さん，その方法は危険だよ。」
> 恵理「どうして危険だと思うの。」

(科学部の生徒が用意したプリント)

> 水，石灰水，食塩水，うすい塩酸がそれぞれ別々に入った4本の試験管があります。4本の試験管に何が入っているのかを見分けるための実験の計画を立ててください。試験管に入っている水または水よう液をそれぞれ別の試験管に少量ずつ取り分けて実験してもかまいません。また，次の道具を使うことができます。ただし，水または水よう液をさわったり，混ぜたり，なめたり，においをかいだりしてはいけません。
>
> | 【使える道具】 | | | | |
> |---|---|---|---|---|
> | 蒸発皿 | 青色リトマス紙 | ポリエチレンの袋 | 試験管 | 金あみ　ストロー |
> | ビーカー | 赤色リトマス紙 | 実験用ガスコンロ | 温度計 | 鉄（スチールウール） |
> | ガラス棒 | ピンセット | ピペット（こまごめピペット，スポイト） | | |
>
> (実験の計画)
>
> | | 実験① | 実験② | 実験③ |
> |---|---|---|---|
> | 方法 | | | |
> | 実験結果の予想 | | | |
>
> 4本の試験管
>
> (注意点)
> ・実験は，実験①，実験②，実験③の順に，3回以内で行う。
> ・実験は，実験②までで見分けることができれば，実験③を行わなくてもよい。
> ・実験②では，実験①でわかった水または水よう液は調べない。
> ・実験③を行う場合は，実験①，実験②でわかった水または水よう液は調べない。

　あなたが俊介くんなら，恵理さんが思いついた石灰水を見分ける方法が危険だと考える理由をどのように説明しますか。説明する内容を書きなさい。また，4本の試験管に何が入っているのかを見分けるための実験の計画をどのように立てますか。実験結果の予想もふくめた実験の計画を書きなさい。

3 小学校6年生の政男くんは，同じ英会話教室に通う6年生12人で，いろいろな体験活動ができる「学びの丘」に行くことになりました。政男くんは，参加する6年生12人の活動計画を立てる役割を引き受けました。次のパンフレットとメモは，政男くんが活動計画を立てるときに用意したものです。

（「学びの丘」についてのパンフレット）

学びの丘へようこそ

○ 体験活動は，事前にお申し込みください。消費税は，それぞれの料金の中にふくみます。

入場料金

○ 個人　　小学生 300 円　　中学生・高校生 500 円　　大人（大学生もふくむ）800 円
○ 団体（10名様以上）　・入場料金　1人あたり　20%割引
　　　　　　　　　　　・団体のお客様全員が3つ以上の体験活動を申し込まれた場合，
　　　　　　　　　　　　入場料金は，さらに1人あたり50円割引とします。

体験活動の内容とその料金・活動時間　○ すべて最大20人まで同時に体験できます。

	番号	体験活動の内容	1人あたり	活動時間
食べ物作り体験	①	イチゴジャム作り体験	1300 円	50 分
	②	おからドーナツ作り体験	700 円	70 分
	③	そば打ち体験	1500 円	90 分
	④	大福・かしわもち作り体験	900 円	60 分
物作り体験	⑤	勾玉キーホルダー作り体験	1000 円	60 分
	⑥	はにわ作り体験	700 円	70 分
	⑦	ろうそく作り体験	800 円	50 分
	⑧	皿の絵付け体験	1200 円	60 分
体動かし体験	⑨	釣り堀体験	800 円	40 分
	⑩	和太鼓体験	1100 円	60 分
	⑪	自然散策体験	600 円	50 分

移動時間　○ 徒歩で移動した場合の片道の時間です。

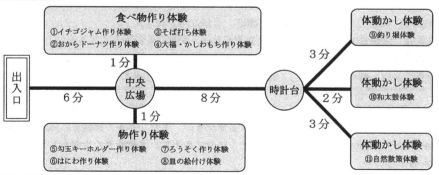

○ 「学びの丘」に入る時刻は午後０時30分とし，午後４時までに出ることとする。

○ 「学びの丘」内では，６年生12人は，いっしょに行動し，同じ体験活動を行う。

○ 入場料金をふくめた１人分の費用の合計は2500円以内とする。

○ 食べ物作り体験①〜④，物作り体験⑤〜⑧，体動かし体験⑨〜⑪の中から，体験活動の内容をそれぞれ１つずつ，合計３つの体験活動を選ぶこととする。

○ 体験活動は，

　　　体動かし体験 → 物作り体験 → 食べ物作り体験

　　の順番で行う。

　あなたが政男くんなら，どのような計画を立てますか。解答用紙の（　　）に，体験活動の内容①〜⑪の番号，入場料金をふくめた１人分の費用の合計，「学びの丘」から出る時刻をそれぞれ書き入れなさい。また，そのような計画を立てた理由を，「１人分の費用の合計」，「活動時間」，「移動時間」の３つの言葉をすべて使って書きなさい。ただし，「学びの丘」内の移動時間はパンフレットに表示されている時間とし，待ち時間は考えません。

4 優子さんと良弘くんの小学校では，6年生全員が学級活動の時間に毛筆で「今年の目標を表す一字の漢字」を，正方形の用紙に次の図のような向きで書き，その作品を班ごとに展示します。

（優子さんと良弘くんの班の班員が書いた作品）

次の会話は，学習係の優子さん，良弘くんの2人が，作品の展示の仕方について話したものです。

良弘「作品を壁にどのように展示したらいいかな。」
優子「良弘くん，この図を見て。漢字が読めるように，図のような向きで，となり合う用紙の辺と辺が平行で，その幅がすべて同じ長さになるように展示しましょう。となり合う用紙の辺と辺の幅を5cmにするのはどうかしら。」
良弘「となり合う辺と辺の幅を5cmにするということは，上下と左右にならぶ用紙の頂点と頂点を結ぶ図の点線の長さをそれぞれ5cmにすればいいね。」
優子「ちょっと待って。その頂点と頂点を結ぶ点線の長さを5cmにすると，となり合う用紙の辺と辺の幅が5cmより短くなるわ。」
良弘「どうして5cmより短くなるのかな。」
優子「授業で習ったことを使えば，説明できるわよ。上の図の点線がある部分を拡大してかいてみるよ。4つの頂点をA，B，C，Dとして，4つの頂点を直線で結ぶと，図のようになるよね。となり合う辺と辺の幅はすべて同じ長さにするから，4枚の用紙の間には，点線AC，BDが対角線となる正方形ABCDができるでしょ。この正方形を使って説明するわね。」

優子さんが最初に示した図

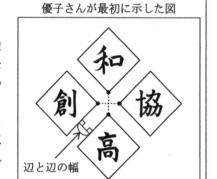

辺と辺の幅

優子さんが上の図の点線がある部分を拡大してかいた図

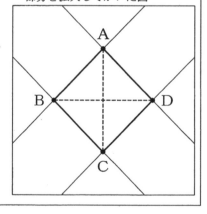

あなたが優子さんなら，上下と左右にならぶ用紙の頂点と頂点を結ぶ図の点線AC，BDの長さをそれぞれ5cmにすると，となり合う用紙の辺と辺の幅が5cmより短くなることをどのように説明しますか。優子さんの会話に続けて説明する内容を書きなさい。ただし，説明には，定規やコンパスなどの道具は使いません。また，必要があれば，解答用紙の図に線などをかき加えてもかまいません。

適性1—5

適 性 検 査 2

（11：00〜11：45）

受検番号	第	番

1 　広島県に住む一郎くんは，夏休みに他県へ家族旅行に行った際，道の駅で，あるマスコットキャラクターを見つけました。旅行を終えた一郎くんが，そのマスコットキャラクターについて調べてみると，地産地消をもっと身近なものに感じてもらうためのものだと知りました。このことをきっかけに，一郎くんは，日本の農林水産業と農林水産物（食用で提供されるものに限る。）について調べ，夏休みの自由研究としてレポートにまとめることにしました。次の資料１〜３は，一郎くんが見つけた資料の一部です。次のページは，一郎くんが見つけた資料を活用して，「日本の農林水産業を支える『地産地消』」をテーマにし，まとめたレポートです。

　あなたが一郎くんなら，どのようなレポートを完成させますか。資料１〜３の中から２つ選び，その番号を書きなさい。また，レポート中の　　　　　　　に入る文章を，選んだ資料を用いて書きなさい。

資料１　農林水産業で働く人の数と年齢構成の変化

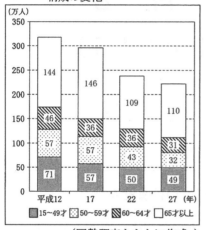

（国勢調査をもとに作成。）

資料２　消費者が広島県内の農林水産物に期待することに関するアンケート調査の結果

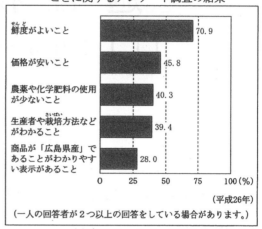

（一人の回答者が２つ以上の回答をしている場合があります。）

（広島県ホームページをもとに作成。）

資料３　農林水産物直売所の開設・運営の効果に関するアンケート調査の結果

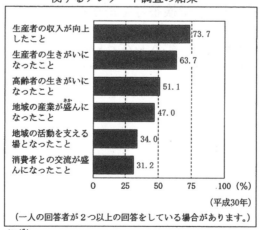

（一人の回答者が２つ以上の回答をしている場合があります。）

（一般財団法人　都市農山漁村交流活性化機構ホームページをもとに作成。）

適性2—1

日本の農林水産業を支える「地産地消」

1　調査のきっかけ

　私は夏休みに家族で旅行に行ったとき，道の駅で，あるマスコットキャラクターを見つけました。このマスコットキャラクターについて調べてみると，「地産地消」をすすめ，農林水産業を活性化するために作られたということがわかりました。そこで，「地産地消」が日本の農林水産業とどのような関わりがあるのか興味をもちました。

2　注目される地域の食材

　右のグラフは，全国の農林水産物直売所の売上額の変化を示しています。直売所とは，生産者が自ら収かくしたものを直接，消費者にはん売する場所のことをいいます。

　グラフを見ると，全国の直売所の売上額は平成23年以降増加しており，地域の食材が注目されていることがわかります。

　私が住む地域の直売所に行って職員の方に聞き取り調査を行うと，収かくしたものを出荷したり，はん売したりする生産者の人数も少しずつ増えてきていることがわかりました。

全国の農林水産物直売所の売上額の変化

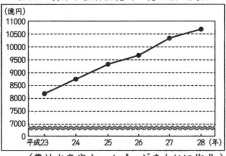

（農林水産省ホームページをもとに作成。）

3　日本の農林水産業の現状と「地産地消」

　地域の食材が注目されているのは，「地産地消」が日本の農林水産業の様々な課題を解決する方法の一つだからだと思います。私は右の二つの資料から，次のように，「地産地消」が日本の農林水産業を支えることができる方法の一つではないかと考えました。

資料1～3
の中から
選んだ資料

資料1～3
の中から
選んだ資料

4　まとめ

　私は，「地産地消」が身近な地域の農林水産業を活性化させ，その結果，日本全体の農林水産業を支えることにつながるのではないかと考えました。

2 和美さんは小学校5年生の図書委員をしています。図書委員会では、各学年で学年ごとの読書に関する課題を見つけ、その解決に向けた活動に取り組んでいます。

1か月の読書冊数に関するアンケート調査の結果（5年生）

年 冊数	平成28年	平成29年	平成30年
読んでいない	8.8	9.3	9.5
3冊より少ない	25.0	25.3	24.3
3冊以上，6冊より少ない	28.6	28.0	29.7
6冊以上，11冊より少ない	18.8	20.0	17.6
11冊以上	18.8	17.3	18.9

（単位はすべて「％」である。）

和美さんたち5年生の図書委員は、右の表のアンケート調査の結果から、「1か月の読書冊数は3年間で大きな変化がなく、読書冊数が3冊より少ない人が全体の中で約3分の1もいる。」ことが課題であると考え、5年生の目標を「図書室を積極的に利用し、全員が1か月で本を3冊以上読もう！」と設定しました。

そこで、和美さんは、この目標を達成するために図書委員会としてどのような活動をするのかを、次の委員会で提案することになりました。資料1は、1か月の読書冊数が「3冊より少ない」または「読んでいない」と回答した5年生に対して行った、読書に関する聞き取り調査の結果です。資料2は、5年生全員に行った読書に関するアンケート調査の結果です。

あなたが和美さんなら、資料1・2をもとに、どのような提案をしますか。提案する原稿を250字以内で書きなさい。

資料1　読書に関する聞き取り調査の結果

・まんがは好きだが、文字だけの本が苦手だ。
・長い文章を読むことがいやだ。
・どんな本を読めばよいかわからない。
・読みたい本がない。
・決まったシリーズの本しか読まない。

資料2　5年生全員に行った読書に関するアンケート調査の結果

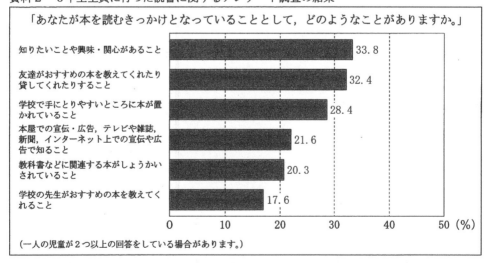

「あなたが本を読むきっかけとなっていることとして、どのようなことがありますか。」

知りたいことや興味・関心があること 33.8
友達がおすすめの本を教えてくれたり貸してくれたりすること 32.4
学校で手にとりやすいところに本が置かれていること 28.4
本屋での宣伝・広告、テレビや雑誌、新聞、インターネット上での宣伝や広告で知ること 21.6
教科書などに関連する本がしょうかいされていること 20.3
学校の先生がおすすめの本を教えてくれること 17.6

（一人の児童が2つ以上の回答をしている場合があります。）

適性2―3

	受験結果 の予想			

<table>
<tr>
<td rowspan="3">3</td>
<td>
（体験活動の内容の番号）

（　　　　，　　　　，　　　　）

（入場料金をふくめた１人分の費用の合計）

（　　　　　　　　　）円

（「学びの丘」から出る時刻）

午後（　　　　　）時（　　　　　）分
</td>
<td>
（そのような計画を立てた理由）
</td>
</tr>
</table>

（優子さんの会話に続けて説明する内容）

4

適性検査2　解答用紙

受　検　番　号
第　　　　　番

1

レポート中の □ に入る文章	選んだ資料の番号

※100点満点
（配点非公表）

得　　　点

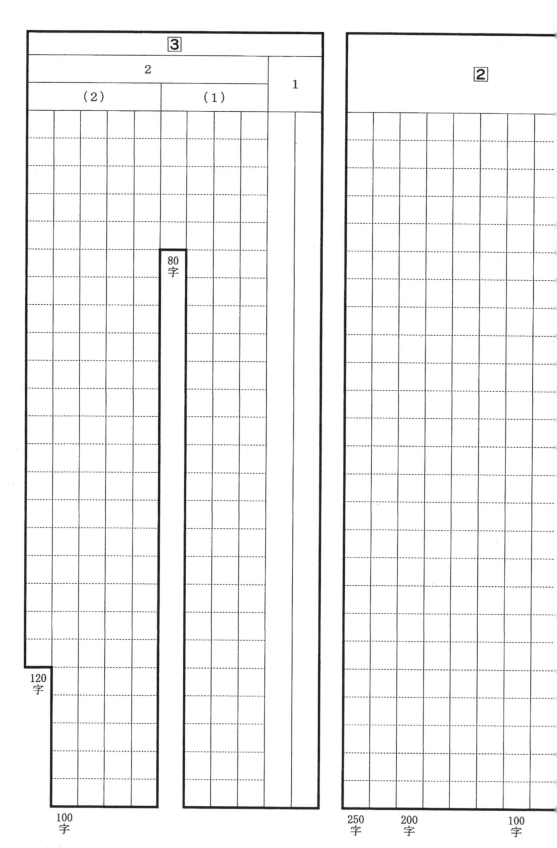

K 教英出版

【解答】

受検番号 第　　　番

適性検査 1　解答用紙

得
点

1

（清掃活動の分担表）　　　　　　　　（そのように決めた考え方）

コース	担当する地域の班名
A	
B	
C	

2

（説明する内容）

（実験の計画）

	実験①	実験②	実験③
方法			

【解答

3 次の文章は，民俗学者の神崎宣武さんが書いた文章の一部です。これを読んで，あとの
1・2に答えなさい。

かつて、人びとは、自然と対峙して暮らしていた。生活の向上をはかろうとする知恵や工夫は、当然のごとく発達していたが、自然の異変を克服することはかなわなかった。現在でも、農業や漁業にたずさわってみれば、異常気象がいかにわざわいをなすか、理解できるはずだ。自然との関係が正常なことを切望し、不正常になることを回避したい、とする気持ちが理解できるはずだ。じつは、年中行事の発生と継続の最大の理由は、そこにあるのではないか。

①いや、そうであるに違いない。

もちろん、都会における行事もさまざま存在する。しかし、日本における都市の多くは、近世の幕藩体制下でつくられたのであり、そこでの生活者の多くは、農山漁村から移住した人びとであった。

都市の人口が急速に膨張し、都市における生活の優位性が高まり、そこでの価値観がはばをきかすようになったのは、たかだかこの半世紀のこと。それまでの長い歴史のうえでは、人口の七割も、それ以上もが農山漁村の住民だった。つまり、日本における民衆とは、ムラに永住した人びととだったのだ。その事実を無視しては、日本の伝統文化は、語れないはずなのである。

農山漁村とすっかり切り離された都市住民が代々根づいたところで、新しい年中行事も固定するだろう。たとえば、忘年会・クリスマス・バレンタインデーなど。しかし、年中行事の割合からみると、都市部といえどもまだ伝統的な行事のほうが多い。そして、その多くは、農山村社会のそれとけっして無縁なものではなかったはずである。

ここは、ひとつ、②素直に「先祖がえり」をしてみなくてはならないのではないか。年中行事のありようも、せめて親の代以前に、できれば先祖たちがムラに暮らしていたころにまでさかのぼってみなくてはならないのではないか。

（神崎宣武『「まつり」の食文化』KADOKAWAによる。）

（注）対峙＝向き合って立つこと。
　　　幕藩体制＝江戸幕府と藩が全国の土地と人びとを支配したしくみ。

1 ①いや，そうであるに違いない とあるが，筆者が「そうであるに違いない」と考えているのは，どのようなことですか。書きなさい。

2 ②素直に「先祖がえり」をしてみなくてはならないのではないか について，次の（1）・（2）に答えなさい。
（1）「先祖がえり」をするとは具体的にどういうことか，筆者の考えをふまえて80字以内で書きなさい。
（2）（1）で示したことを行うため，どのような取組が考えられますか。自分の考えを，120字以内で具体的に書きなさい。

K 教英出版

K教英出版